Pierre Ferrière · Isabelle Meeûs-Michiels

DOCH, ES GIBT EINE ANDERE WIRKLICHKEIT

Meditieren mit Etty Hillesum

Pierre Ferrière
Isabelle Meeûs-Michiels

Doch, es gibt eine andere Wirklichkeit

Meditieren mit Etty Hillesum

VERLAG NEUE STADT
MÜNCHEN · ZÜRICH · WIEN

Titel der französischen Originalausgabe:
Prier 15 jours avec Etty Hillesum,

10 rue Mercoeur – 75011 Paris
www.nouvellecite.fr

Übertragung ins Deutsche: Stefan Liesenfeld

Die Autoren: Pierre Ferrière, Jesuit, ist Historiker und wie die Religionswissenschaftlerin Isabelle Meeûs-Michiels ein ausgewiesener Etty-Hillesum-Spezialist. Die Publikation ist u. a. Frucht ihrer Arbeit in einem geistlichen Zentrum in Namur/Belgien.

Coverabbildung (s. auch S. 155) von Stephan Schaefer, nach einem Foto von 1937, auf dem sich Etty Hillesum, die nicht rauchte, „mit Zigarette in Szene gesetzt" hat (vgl. ST, S. VI).

»Mehr Bäume, weniger CO_2« – weil jeder Beitrag wichtig ist.

MIX Papier FSC® C083411

CPI klimaneutral
Mehr Bäume.Weniger CO_2

Vollständig neu bearbeitete Neuausgabe 2024

Covergestaltung und Satz: Neue-Stadt-Grafik
Druck: CPI books GmbH, Leck
ISBN 978-3-7346-1341-8

Printed in Germany www.neuestadt.com

„Jemand, den die Liebe zu seiner Vollendung führt,
muss gewaltige Weiten durchqueren,
über Gipfel und Abgründe muss er;
bei Unwettern wird er seinen Weg suchen,
um eingeweiht zu werden in sein Geheimnis:
dass man Ja sagen muss zur endlosen Wüste,
dass man pausenlos gehen muss durch dürres Land,
dass man sich schinden muss
auf dem Grat von Bergen und auf Gipfeln;
dass man wilden Gebirgsbächen trotzen muss
und bodenlosen Abgründen,
um die LIEBE zu gewinnen
durch eine Liebe ohne Maß."

Hadewijch von Anvers, 13. Jahrhundert

„Etwas Geheimnisvolles liegt in der Geschichte dieser jungen Niederländerin, die 1943 in Auschwitz starb: Sie zeigt, wie Gott in ein völlig chaotisches Leben eintreten und es verwandeln, wie er jede noch so düstere und ausweglose Situation erhellen kann. – Etty, eine junge Frau ohne Glauben, ohne religiöse Basis, schildert bestechend klar ihren Weg, ihr inneres Chaos, ihre Verliebtheit in ihren Therapeuten ... – und wie ihr ein Sinn für Gott geschenkt wird. Unwiderstehlich wird sie von diesem Geheimnis angezogen. Die letzten Monate ihres Lebens verbringt sie in einer solchen Intimität und Vertrautheit mit Gott, dass sie selbst die Judenverfolgung der Nazis mit innerer Ruhe beschreiben und, ohne zu verbittern, von etwas Unglaublichem sprechen kann: von einer Liebe selbst zu denen, die uns Böses antun."

Carlo M. Martini über Etty Hillesum

Inhalt

LEBENSSTATIONEN UND INNERER WEG

Biografische Notizen

Ester (Etty) wurde am 15. Januar 1914 in Middelburg/Niederlande in eine nicht praktizierende jüdische Familie hineingeboren. Ihr Vater, Louis Hillesum, war Lehrer für Alte Sprachen, später Gymnasialdirektor; die Mutter, Rebecca (Riva) Bernstein war mit ihrer Familie aus Russland emigriert. Etty hatte zwei jüngere Geschwister, Jacob (Jaap), der später Arzt wurde, und Michaël (Mischa), ein genialer Pianist, aber psychisch instabil; er litt unter schizophrenen Störungen.

1932 nahm Etty in Amsterdam das Studium der Rechtswissenschaft auf; später bezog sie dort zusammen mit ihren Brüdern eine Wohnung. Die politischen Entwicklungen verhießen nichts Gutes. 1933 wurde Hitler deutscher Reichskanzler, die Errichtung erster Konzentrationslager ließ nicht lange auf sich warten.

Neben ihren juristischen Studien vertiefte sich Etty ins Russische, die Sprache ihrer Mutter: Sie verstand es perfekt und gab einigen Schülern Privatunterricht. Gegen Ende ihrer Studienzeit, im Jahr 1937, zog Etty in das Anwesen von Han Wegerif, einem verwitweten nichtjüdischen Buchhalter, dessen Gefährtin sie wurde. Im Juli 1939 legte sie ihr Juraexamen ab.

Die politische Entwicklung wurde immer bedrängender. Am 10. Mai 1940 fielen deutsche Soldaten in die Niederlande ein. Die Naziherrschaft wirkte sich allmählich auch auf Ettys Leben aus und war auf bedrückende Weise allenthalben spürbar.

Bereits am 29. November 1940 wurde ihr Vater wegen seiner jüdischen Abstammung aus seiner Stellung als Gymnasialdirektor entlassen. Anfang 1941 zwang der Stadtkommissar von Amsterdam die jüdischen Honoratioren, einen „Judenrat“ zu bilden, der seine Anordnungen unter den Juden bekanntzumachen hatte.

Äußerlich war Ettys Leben von diesen Entwicklungen zunächst nicht allzu sehr betroffen, wohl aber schlugen sich die Erschütterungen in ihrer inneren und physischen Befindlichkeit nieder. Um etwas dagegen zu unternehmen, konsultierte sie einen Psycho-Chirologen namens Julius Spier, einen 1887 geborenen deutschen Juden. 1939 hatte er aus Berlin fliehen müssen und in Amsterdam Zuflucht gefunden. Am 3. Februar 1941 suchte Etty ihn erstmals auf. Der Kontakt mit Spier half ihr langsam, aber sicher, aus der Talsohle herauszukommen.

Es war Spier, der sie zum Schreiben ermutigte, um die Gefühlsschwankungen zu „besänftigen". Im Verlauf der Therapie wuchs zwischen ihnen eine tiefe Zuneigung, die sie beide voller Leidenschaft lebten und als eine große „Herausforderung", als „enorme Aufgabe" verstanden. Etty hat nicht zuletzt dadurch zu ihrer einzigartigen Persönlichkeit gefunden. Die Beziehung mit Spier war ebenso vielschichtig wie schön, um es mit diesem einfachen Wort zu sagen; sie bestand bis zu Spiers Tod am 15. September 1942. Ettys Tagebucheinträge, die am 8. März 1941 beginnen, wirken anfangs wie eine bloße Wiedergabe der Sprechstunden bei Spier.

An demselben Tag, an dem Etty sich darangibt zu schreiben, begreift sie sich zum ersten Mal als Jüdin. Die Lage der Juden war überaus prekär; bald kursierten Gerüchte einer planmäßigen Judenvernichtung in ganz Europa. Seit Mai/Juni des Jahres 1942 wurden die antisemitischen Nürnberger Gesetze in den Niederlanden rigoros umgesetzt. Der Judenrat wurde kurz darauf über die bevorstehenden Deportationen informiert. Das Lager Westerbork im Nordosten des Landes wurde zu einem „Durchgangslager"; dort fuhren die Deportationszüge zu den Vernichtungslagern ab.

Im Juli 1942 bewarb sich Etty auf Drängen ihres Bruders Jaap brieflich um Aufnahme in den Judenrat. Kaum hatte sie diese Aufgabe übernommen, beantragte sie die Versetzung nach Westerbork. Dort absolvierte sie vier Arbeitseinsätze, unterbrochen durch vorübergehende, aufgrund einer tiefen Erschöpfung notwendige Aufenthalte in Amsterdam. Während ihres letzten Einsatzes in Westerbork wurde ihr dieses unheilvolle Lager als „Aufenthaltsort" zugewiesen – nicht mehr in der Funktion einer Art Sozialarbeiterin für die verstörten, ihres düsteren Schicksals harrenden Menschen, sondern in der Erwartung ihrer eigenen Deportation.

Ihre Bemühungen, zumindest ihren Eltern und ihrem Bruder Mischa, die ebenfalls in Westerbork interniert waren, dieses Schicksal zu ersparen, waren vergeblich. Etty, Mischa und ihre Eltern wurden am 7. September 1943 in einen Deportationskonvoi „verladen", zusammen mit 983 weiteren Personen, von denen nur acht überlebten. An jenem

7. September hat Etty Hillesum ihre letzte Karte durch einen Schlitz im Waggon auf das Schotterbett geworfen. Am 30. November 1943 starb sie in Auschwitz. Binnen weniger Monate erlitt ihre gesamte Familie dasselbe Schicksal, auch Jaap blieb nicht verschont.

In Westerbork hatte Etty weiter Tagebuch geschrieben. Hastig steckte sie die letzten Aufzeichnungen in den Beutel, den sie im Zug mitnehmen konnte. Diese Notizen sind unwiederbringlich verlorengegangen. Die zuvor geschriebenen Hefte hatte sie am 5. Juni einer Freundin übergeben können, unmittelbar vor ihrem letzten Aufbruch nach Westerbork. Auf verschlungenen Wegen sind sie nach Jahrzehnten ans Licht der Öffentlichkeit gelangt. Das letzte Heft endet mit dem Eintrag vom 13. Oktober 1942; aus der Zeit danach bis zu ihrer Deportation nach Auschwitz haben wir eine Reihe von Briefen, die Etty an verschiedene Leute, mit denen sie seit den Aufenthalten in Westerbork befreundet war, geschrieben hat.

Dies sind, grob skizziert, die äußeren Eckpunkte ihres Lebens. Im Folgenden werden wir versuchen, Einblick zu gewinnen in innere Entwicklungen, in das, was Etty Hillesum bewegte, und uns mitnehmen lassen ins Gespräch mit jenem geheimnisvollen Gott, der im biblischen Buch der Weisheit „Freund des Lebens" genannt wird (vgl. Weish 11,26).

Ein einzigartiger innerer Weg

Meditieren mit Etty Hillesum, dies mag manchen Gläubigen ein wenig gewagt erscheinen, war sie doch keine Christin. Aber ihr spiritueller Weg ist so bemerkenswert, ja überwältigend, dass es mehr als gerechtfertigt ist, sich von ihr inspirieren zu lassen. Von einem anfänglich ganz vagen, kaum bewussten religiösen Empfinden fand sie zu einem Leben in der fast ununterbrochenen Präsenz Gottes: „Es ist, als hätte sich etwas in mir einem beständigen Gebet überlassen: ‚Es betet in mir', selbst wenn ich lache oder scherze."

Aufgrund ihrer so außergewöhnlichen Erfahrung und ihrer einzigartigen Weise, davon zu sprechen und Zeugnis zu geben, hat man Etty Hillesum als „nicht klassifizierbar" bezeichnet. Es wurde gesagt, in ihren Texten scheine der Name Gottes „aller Tradition beraubt". Doch auch wenn ihr innerer Werdegang wie ein persönlicher Sonderweg erscheint, auch wenn sie sich nie einer Kirche oder einem religiösen Bekenntnis angeschlossen hat, so heißt das nicht, dass sie sich unbeeinflusst von religiösen Traditionen entwickelt hätte. Sie war Jüdin, das Enkelkind eines Großrabbiners, und auch wenn sie offenbar kaum in der Religion ihrer Väter erzogen worden ist, so wurde sie sich doch ihres Judentums sehr bewusst; für sie war es ein fester Bezugspunkt. Gerade das hat sie ja bewogen, sich ihrem Volk tief verbunden zu fühlen und sein Leid zu teilen.

Zudem war Etty in Kontakt mit christlichen Freunden; sie las große christliche Autoren wie Augustinus, Dostojewski u. a. Die Bibel hatte sie stets zur Hand und im Herzen, regelmäßig las sie darin, sie zitiert öfter Worte aus dem Ersten wie aus dem Neuen Testament. Was anfänglich Neugierde oder Sympathie für dieses christliche Erbe gewesen sein wird, wurde mit der Zeit zu einer tiefen Nähe. Doch darf daraus keineswegs abgeleitet werden, dass sie sich den christlichen Glauben zu eigen gemacht hätte.

Generell sollte man sich davor hüten, Ettys Zeugnis in irgendeiner Weise zu vereinnahmen. So sehr es der historischen Wahrheit und ihrem eigenen Bekunden entspricht, dass sie eine Beziehung zu jüdischen und christlichen Traditionen hatte, so ist gleichzeitig ihre Unabhängigkeit gegenüber jeder religiösen Institution, ob Kirche oder Synagoge, hervorzuheben. Nicht zuletzt diese Unabhängigkeit ist typisch für ihren überraschenden, unkonventionellen inneren Weg. Auch alle Spekulationen, „was wohl aus Etty geworden wäre, wenn sie die Schoah überlebt hätte", verbieten sich: Sie gehören ins Reich der Fabeln.

Vielleicht ist es dieser innere Weg, diese „spirituelle Initiation" an den Rändern der großen Traditionen, die sie vielen unserer Zeitgenossen so nahe sein lässt. Denn viele Menschen leben heute ihr inneres Suchen in respektvoller Distanz zu den etablierten Religionen.

Als Etty am 5. Juni 1943 Amsterdam für immer in Richtung Westerbork verließ, war unter ihren persönlichen Habseligkeiten eine Korbtasche mit dem Koran und dem Talmud; als sie am 7. September 1943 den Waggon Nr. 12 des Todeszugs Richtung Auschwitz bestieg, war in dem eilig gepackten Beutel eine Bibel.

„Mach den Raum deines Zeltes weit, spann deine Zelttücher aus, ohne zu sparen. Mach die Stricke lang und die Pflöcke fest", heißt es beim Propheten Jesaja (54,2). Ettys Leben ist ein leuchtendes

Beispiel für ein solches Weitwerden *und* Sich-Festmachen.

Wegweisende Impulse

Etty Hillesum hätte wohl nur lachen können bei der Vorstellung, einmal zu einer Art „geistlicher Wegbegleiterin" zu werden, die einführt ins Gespräch mit Gott. Gewiss, von ihren Gebetsworten können wir viel lernen. Viele Stellen ihrer Aufzeichnungen verdienten in eine Anthologie aufgenommen zu werden: Es gibt Texte von atemberaubender Schönheit und einem herzerweiternden großen Atem. Auf einige solcher Stellen werden wir eingehen. Doch zunächst einige Hinweise zu einer sehr grundsätzlichen Frage, die bei der Lektüre ihrer Aufzeichnungen wach wird: Wo beginnt und wo endet eigentlich Ettys Beten?

Wenn Etty sagt, sie wolle in aller Einfachheit verfügbar sein und selbst der „Kampfplatz" sein, wo die Fragen und Nöte ihrer Zeit zum Frieden finden, betet sie da?

Wenn sie dem „ewigen Mond" ausgefallene Reden hält, wenn sie mehr schlecht als recht versucht, irgendwie ihr inneres Auf und Ab zu bestehen, betet sie da?

Wenn Etty sich dem Risiko aussetzt, den verwirrenden, bedrängenden Fragen, die sie manchmal überkommen, *nicht* auszuweichen; wenn sie wagt, mit einem zum engen Freund gewordenen Mann die „erfüllende“ Freude über eine innige Beziehung zu genießen, ist das auch eine Form ihrer Gottesbeziehung? Betet sie da?

Wenn sie inmitten des Ratterns der Schreibmaschinen im Schreibsaal kurzzeitig alles um sich herum vergisst, um sich zu sammeln, betet sie da?

Wenn sie sich daranmacht, die Worte festzuhalten, die eine hochschwangere Frau unmittelbar vor der Deportation mit leiser, müder Stimme ausspricht, betet sie da?

Verfügbar sein, suchen, wie man leben soll, sich aussetzen, sich entziehen, da sein … – ist das Beten? Und weiter: weinen, sich freuen, zweifeln, tanzen, warten, singen, kämpfen, atmen, schreiben, geboren werden … – ist das Beten?

Eines Tages wurde Etty von einem unwiderstehlichen Impuls erfasst, der sie selbst überrascht hat: Spontan kniet sie nieder, das Gesicht zwischen ihren Händen. Sie durchlebt eine innige Erfahrung, von der zu sprechen sie sich scheut. Das Wort „Gebet“ wirkt allzu blass und fad, um diese Geste des Niederkniens zu beschreiben; der bloße Gedanke an diesen Moment rühre „an das Intimste des Intimsten", das ein Mensch erleben kann. Ja, gibt es eigentlich etwas „so Intimes, etwas so Inniges wie die Beziehung eines Menschen mit Gott"?[1]

„Das Intimste des Intimsten", diese Formulierung mit doppeltem Superlativ ist Ettys Versuch, das durch eine unbeschreibliche Erfahrung „geheiligte" Herz sprachlich zu fassen. Zögernd und mit aller Vorsicht lässt sie diesen Moment anklingen, in der Furcht, die unzulänglichen Worte könnten ihn seiner Schönheit berauben.

Man ahnt, dass es bei einem „Weg mit Etty Hillesum", den wir in diesem Buch gehen wollen, um alles andere geht als um altbekannte, vielleicht auch abgedroschene Gebetsformeln. Da gibt es weder glattgeschliffene noch gekünstelte Formulierungen. Der Weg mit ihr ist keine fromme Wallfahrt mit festgelegten Etappen. Mit Etty einen Weg der Meditation und des Gebetes zu gehen, das ist ein Abenteuer: Es ist verbunden mit der womöglich irritierenden Einladung, alles, was wir sind und

1 Vgl. ST 693: Beten nennt sie hier „meine intimste Gebärde, intimer als jede Gebärde im Zusammensein mit einem Mann". An anderer Stelle nennt sie sich „das Mädchen, das nicht knien konnte und es dann doch lernte auf einer rauen Kokosmatte in einem unordentlichen Badezimmer" (DHB 90, ST 201). Vgl. ST 51: eine erste entsprechende Erfahrung, sowie ST 146: ihr Erlebnis im Bad (Anm. des Übers.).

was unser Leben ausmacht, jener „intimen Präsenz“ hinzuhalten. Gott soll von nichts ausgeschlossen werden, was wir sind und was uns widerfährt.

Wundern wir uns nicht, dass der hier vorgeschlagene Weg unterschiedlichste Themen berührt, von der Beziehung zu unserer Familie über die zu unserem Körper bis hin zum Umgang mit dem Tod. Denn sosehr Beten auch beinhaltet, freie Zeiten und geeignete Orte zu finden, um in sich hineinzuhören und Gott „von Herz zu Herz“ zu begegnen, so bedeutet es ebenso, in einer inneren Disposition zu leben und zu bleiben, die es ermöglicht, dass das göttliche Geheimnis das gesamte Leben erfasst.

Früher sprach man davon, dass man seine Gebete „verrichte“; Ettys Leben sagt uns, dass es darum geht, selbst ein lebendiges Gebet zu *werden*.[2] Und zwar unabhängig davon, an welchem Punkt wir selbst gerade stehen. Etty Hillesum würde uns sagen:

> „Ist es nicht so, dass man überall beten kann,
> in einer Baracke aus Brettern ebenso gut wie

2 So formuliert sie an mehreren Stellen ihres Tagebuchs, z. B. schreibt sie, dass sie für Spier bete, ja dass sie „manchmal selbst ein einziges großes Gebet für ihn“ *ist* (ST 326), oder ST 686: Sie möchte „ein einziges großes Gebet sein“ u. ö. (Anm. des Übers.).

> in einem Kloster und überhaupt an jedem Ort der Erde, wo Gott in unruhigen Zeiten nun einmal meint, seine Geschöpfe niederwerfen zu müssen?" (Vgl. ST 749)

Beginnen wir den Weg mit dieser jungen Frau, wissend, dass es keine gewöhnliche Meditation sein wird ...

MEDITATIONEN
ZU TEXTEN VON
ETTY HILLESUM

I – Ich mit meiner „seelischen Verstopfung"

„Da saß ich nun [bei Julius Spier] mit meiner *‚seelischen Verstopfung'*. Er sollte Ordnung in das innere Chaos bringen, die Leitung über die widersprüchlichen Kräfte in meinem Inneren übernehmen. Er nahm mich sozusagen an die Hand und sagte: Schau her, so musst du leben! - Mein Leben lang verspürte ich den Wunsch: Käme doch nur jemand, der mich an die Hand nimmt und sich mit mir befasst. Ich scheine tüchtig zu sein und mache alles allein, aber ich würde mich so schrecklich gern jemandem ausliefern! Und da kam nun dieser wildfremde Herr S. mit seinem komplizierten Gesicht und widmete sich mir; trotz allem hatte er schon in einer Woche Wunder bei mir bewirkt. Gymnastik, Atemübungen, erhellende, erlösende Worte über meine Depressionen, meine Beziehungen zu anderen usw. Und ich lebte plötzlich anders, befreiter, *‚fließender'*, das Gefühl der Verstopfung verschwand, im Inneren stellte sich eine gewisse Ordnung und Ruhe ein, vorläufig alles nur unter dem Einfluss seiner magischen Persönlichkeit, aber das wird sicher bald auch in der Psyche greifen und bewusst gemacht werden."[3]

(Vgl. DHB 13, ST 26f)

So schildert Etty die Ausgangslage ihres Wegs der „Wiederherstellung" und der Erweckung zu einem neuen Leben. Es war ein erstaunlich schnell durcheilter Weg, auf dem sie mit großen Schritten vorankam. Keine drei Jahre liegen zwischen der ersten Sitzung bei Julius Spier, den sie in ihren Aufzeichnungen einfach nur „Herr S." nennt, und jenem 30. November 1943, an dem sie nach einer Mitteilung des Roten Kreuzes im Vernichtungslager Auschwitz starb.

Auch wenn es Etty weder an Sensibilität noch an Intelligenz mangelte, so deutete doch erst einmal nichts auf die gewaltige, nachhaltige Veränderung hin, die sie dann erfahren hat. Sie selbst schrieb, in vielen Problemen des Lebens mache sie zwar einen überlegenen Eindruck, doch in ihrem Innern ste-

3 Die gesperrt und kursiv gesetzten Stellen hat Etty auf Deutsch verfasst, vgl. ST 22.

cke ein zusammengeballter Knäuel, ein Kloß, der sie „fest im Griff“ habe, sodass sie so manches Mal trotz aller gedanklicher Klarheit nur ein ängstlicher armer Schlucker sei (vgl. DHB 9, ST 24). Dies ist der Ausgangspunkt; hier beginnen ihre Tagebuchnotizen. Etty ist damals 27 Jahre alt.

Mal wurde sie „Don Quichotte im Unterrock“ genannt (von ihrem Vater!), mal mit einer „russischen Carmen“ verglichen (von einem Schweizer auf der Durchreise); auch als „junge, wilde Kirgisin“ hat man sie bezeichnet. Die lebendige, begabte junge Frau war psychisch nicht sehr stabil und litt unter häufig wiederkehrenden depressiven Phasen. An Beziehungen fehlte es ihr keineswegs, doch sie lebte diese sehr chaotisch und hatte so manche Liaison. Das Verhältnis zu ihren Eltern war reichlich stürmisch … Dieses Chaos, in dem sich die eine oder der andere ein wenig wiederfinden mag (bei wem wäre schon alles „ruhig und geordnet“?), lässt an die erste Seite der Bibel denken, an den ersten Schöpfungsbericht: Gottes Pläne nehmen Gestalt an auf dem Hintergrund eines großen Durcheinanders, biblisch „Tohuwabohu“ - ein Wort, das in viele Sprachen Eingang gefunden hat. Ein regelrechtes Tohuwabohu ist die Ausgangsbasis für Gottes schöpferisches Wirken - bis heute. Chaotisch präsentiert sich unsere Welt, chaotisch sind manche Aspekte der Kultur, in die wir eingetaucht sind, chaotisch ist oft genug auch unsere eigene Lebensgeschichte, und genau dies kann zum Ausgangspunkt für Gottes Wirken hier und heute werden.

In der Schöpfungsgeschichte heißt es, Gott habe ein Werk der Trennung vollbracht, der Scheidung von Licht und Finsternis. Arbeitet er nicht ähnlich jene Persönlichkeit heraus, die ein jeder Mensch werden soll? Schon die Geburt ist eine erste Trennung von der Mutter, und dann beginnt ein lebenslanger Prozess, in dem allmählich die eigene Persönlichkeit an Kontur gewinnt. Aus Chaos und Schlamm holt der Schöpfergott uns heraus und erweckt uns – nicht ohne unsere Mitwirkung – geduldig zum Leben, zu *unserem* Leben.

Etty öffnet sich mit all ihrem Chaos einem gewissen Julius Spier. „Da saß ich nun …“: Es ist die erste Begegnung mit diesem Autodidakten der Psycho-Chirologie, der bei Carl Gustav Jung psychotherapeutisch ausgebildet worden war. Er war ein Vertreter der „Handlesekunst“ (Chirologie); in den Handlinien sah er so etwas wie ein zweites Gesicht eines Menschen. Spier wollte seinen Klienten helfen, wieder in Einklang mit sich selbst zu kommen. In seiner deutschen Heimat hatte er sich einen gewissen Namen als Therapeut erworben; als

Jude war er vor den Nazis nach Amsterdam geflohen. Die Begegnung mit diesem inzwischen 54-jährigen Therapeuten war für Etty nicht „irgendeine" der zahlreichen Bekanntschaften in ihrem Leben. Es war für sie *die* Begegnung, ein bahnbrechendes Ereignis. Die Beziehung zu Spier hat ihren weiteren Weg und ihre schriftliche Hinterlassenschaft maßgeblich bestimmt.

Sie selbst hat ihn einmal treffend als „Geburtshelfer ihrer Seele" bezeichnet. Durch die Beziehung zu ihm fand sie eine neue Freiheit - und in dieser neu gewonnenen Freiheit konnte sie sich auch ihrer Quelle öffnen: jenem geheimnisvollen Gott, dessen Nähe sie immer mehr spürte. Gewiss, ihre Beziehung mit Spier war wie alles Menschliche - selbst die schönsten Dinge machen da keine Ausnahme - nicht frei von Unklarheiten, ja auch gewissen Irrungen. Aus einem therapeutischen Verhältnis wird sehr rasch eine affektive, leidenschaftliche Beziehung, die auch Momente von Eifersucht kennt. Aber zu keinem Zeitpunkt erschöpft sich ihre Beziehung in ihren auch vorhandenen negativen Aspekten. Als Spier unerwartet schnell stirbt, ist das keineswegs das Ende ihrer Verbindung. Sein Tod bestärkt Etty vielmehr in dem, was zu leben sie begonnen hat: ein Erwachen, ein Kommen zu sich selbst, zu den anderen und zu

Gott - und dies alles in einer einzigen Bewegung, die sich nicht auseinanderdividieren lässt.

Schon bei der ersten Begegnung mit Spier findet Etty innerlich ein wenig Frieden und Ordnung. Für sie ist das, was da passiert, etwas „Magisches". Vertrauensvoll lässt sie sich darauf ein, will aber zugleich bewusst und aktiv an dieser unerwartet beginnenden Wandlung teilhaben: „Es wird sicher bald auch in der Psyche greifen und bewusst gemacht werden."

Beziehungen zu anderen Menschen können wie eine geheimnisvolle Alchimie wirken. Etty hatte geschrieben, sie scheine tüchtig zu sein und mache alles allein, aber sie würde sich „so schrecklich gern jemandem ausliefern".

Selbstbestimmt leben und gleichzeitig die Sehnsucht verspüren, sich auszuliefern - wie passt das zusammen? Wie soll man diesen „zwei-einen" Wunsch, der so widersprüchlich scheint, realisieren? Wie soll man beides leben, ohne wie ein Pendel hin und her zu schwanken, ohne von einem Extrem ins andere zu fallen, ohne von den Gefühlsschwankungen eines unsteten Herzens mal hierhin, mal dorthin getrieben zu werden?

Wenn Etty sich *nur* ausgeliefert hätte, wenn sie sich ausschließlich Spier und seinem Einfluss auf ihre Persönlichkeit überlassen hätte, so hätte sie sich in der Beziehung mit ihm ihrer selbst entfremdet. Nun hat Etty aber weder ihre Freiheit noch diese Beziehung jemals geopfert. Sie ist in dieser Beziehung als Persönlichkeit *gewachsen.* Mehr noch: Sie merkt, wie sie mit Spiers Hilfe einen Weg beschreitet, auf dem sie sich jemandem zu öffnen und auszuliefern beginnt, den sie dann „Gott“ zu nennen wagt. Die Schönheit ihrer Verbindung mit Spier in aller Härte des Alltags hängt mit diesem inneren Weg eng zusammen.

* * *

Zur Reflexion

Ihr Unbehagen angesichts ihres inneren Chaos hat bei Etty Hillesum einen Prozess in Gang gebracht. Das kann für uns ein Anstoß sein, uns einmal zu fragen, womit wir selbst unzufrieden sind, was uns unruhig macht, ob es auch in unserem Leben so etwas wie ein Tohuwabohu gibt.

Kann ich meine Fehler und Schwachpunkte, mein Chaos, meine Schwankungen annehmen als Einladung, diese Punkte anzugehen und an mir zu arbeiten?

Mein inneres Durcheinander und meine Blockaden können mich bedrücken, sie können aber auch zum Impuls werden, mich aufzumachen und etwas zu tun. Kann ich mich darauf einlassen? Stelle ich eventuell fest, dass ich jemand suchen sollte, der mich auf diesem Weg begleitet?

Ja zu mir sagen in all meiner Widersprüchlichkeit und angesichts der Feststellung, dass widersprüchliche Kräfte in mir am Werk sind, das verlangt Mut. Etty Hillesum hat sich ihrer eigenen Befindlichkeit gestellt. Ihr Zeugnis weckt Zuversicht: Wer sich auf einen solchen Weg macht, bleibt nicht allein.

II – Eine stille Stunde

„Ich glaube, ich sollte das einfach mal tun: morgens vor Beginn der Arbeit eine halbe Stunde lang ‚mich nach innen wenden', horchen, was in mir ist. ‚*Sich versenken*.' Man kann es auch als Meditieren bezeichnen. Doch vor dem Wort graut es mir noch ein bisschen. Aber warum eigentlich nicht? Eine halbe Stunde allein mit mir selbst. Es genügt nicht, morgens im Badezimmer nur Arme, Beine und alle anderen Muskeln zu bewegen. Der Mensch ist Körper *und* Geist. Und eine halbe Stunde Gymnastik und eine halbe Stunde ‚Meditation' können zusammen ein solides Fundament der Ruhe und Konzentriertheit für den ganzen Tag sein. Doch das ist gar nicht so einfach, so eine ‚*stille Stunde*'. Das will gelernt sein."

(Vgl. DHB 41f, ST 88)

Etty beschließt, das oberflächliche Leben und das ständige Sich-im-Kreis-Drehen hinter sich zu lassen. Sie bemerkt, dass sie so vom Alltag in Beschlag genommen ist, dass ihr in ihrer Unruhe alles verschwimmt und sie nicht mehr zu sich selber findet. Doch wie ein Spielball hin und her geworfen zu sein … – ist das eigentlich noch Leben? Sie will dorthin, wo sie wirklich „zu Hause" ist, sie möchte zu sich kommen und setzt sich klare Prioritäten: „Morgens vor Beginn der Arbeit eine halbe Stunde lang ‚mich nach innen wenden', horchen nach dem, was in mir ist. ‚Sich versenken.' Man kann es auch als Meditieren bezeichnen."

„Meditieren", das Wort klingt in ihren Ohren noch fremd. Aber sie ist fest entschlossen, es zu versuchen, sich nach innen zu wenden, in sich selbst hineinzuhorchen.

Doch was ist eigentlich dieses „Selbst"? Wie soll man „zu sich selbst" kommen? Etty blendet keine Dimension ihres Wesens aus: weder den Körper noch das Herz und das, was sie bewegt. Sie wendet sich dem Dschungel psychischer Regungen zu, in dem man sich so oft verliert und der im gängigen Sprachgebrauch mit so vieldeutigen Begriffen wie „Seele" oder „Geist" bezeichnet wird.

„Der Gott des Friedens heilige euch ganz und gar und bewahre euren Geist, eure Seele und euren

Leib unversehrt, damit ihr ohne Tadel seid, wenn Jesus Christus, unser Herr kommt" (1 Thess 5,23), schrieb der Apostel Paulus im Jahr 51 n. Chr. Ausdrücklich erwähnt er Geist, Seele und Leib: eine Einladung, keine Dimension unseres Wesens auszulassen.

Wie hätte Etty auch ihren „Körper" vergessen können? Er macht sich immer wieder präsent. Früher, so stellt sie einmal fest, habe sie gedacht, körperliche Probleme wie Kopfweh, Magenschmerzen, rheumatische Schmerzen wären eine rein physische Angelegenheit; doch nun merkt sie, dass sie auch eine psychische Komponente haben: Körper und Seele seien bei ihr engstens verbunden; wenn etwas bei ihr psychisch oder spirituell nicht stimme, wirke sich das auch physisch aus.

Es wird ihr also klar, dass ihre Probleme nicht nur physische Ursachen haben: Vieles ist psychosomatischer Natur. Um der engen Verwobenheit von Leib und Seele Rechnung zu tragen, macht sie jeden Morgen im Bad erst einmal eine halbe Stunde Gymnastik, bevor sie dann eine weitere halbe Stunde meditiert. Es ist ihre „stille Stunde", die, so schreibt sie, „gelernt sein will".

Ettys „Geist" und „Seele" sind von vielerlei Gefühlen beherrscht; sie ringt damit und droht manchmal zu ertrinken in diesem mächtigen Strudel von Affekten, der auch die Gedanken hinunterziehen kann. Im Einzelnen spricht Etty von Träumereien, von großartigen Gedanken, von blitzschnellen Intuitionen, von Orgien inneren Lebens … Es ist wie ein seelisch-geistiger Mahlstrom, ein gefährlicher Gezeitenstrom voller Strudel, der sie mitreißt und aller Orientierung beraubt, ein Ozean, der sie jederzeit verschlingen könnte. Darum nimmt sie sich jeden Morgen eine Stunde Zeit für einen „inneren Großputz". Langsam, aber sicher gelingt es ihr, die „seelische Verstopfung" zu lösen und mehr Klarheit zu gewinnen. Erst müssen sich die Dinge absetzen, die ihre Seele trüben – wie beim Dekantieren eines guten alten Bordeaux …

Auch uns kann es passieren, dass wir von einem Gefühlswirrwarr förmlich überrollt werden, und gestresst, wie wir häufig sind, merken wir nicht, wie wir den Halt verlieren. Denken wir an die Informationsflut, die geradezu über uns hereinbrechen kann. Mehr denn je verspüren wir heute das vitale Bedürfnis, immer wieder Distanz zu all diesen Eindrücken und Emotionen zu suchen, Abstand zu gewinnen, loszulassen und zu entspannen.

Etty schafft es dank ihrer „Aufräumaktion" mit der Zeit, den „Schutt" wegzuräumen, der sie innerlich blockiert und ihr „die Seele verstopft". Sie hat dabei den Eindruck, am Rand „eines sehr tiefen Brunnens" zu stehen, in dem „Gott" ist, wie sie sagt (vgl. DHB 65, ST 132).

Über ihre Erfahrung schreibt sie:

> „Doch das ist gar nicht so einfach, so eine *‚stille Stunde'*. Das will gelernt sein. [...] Und das sollte das Ziel des Meditierens sein: dass du im Innern zu einer einzigen großen, weiten Ebene wirst, ohne all das heimtückische Gestrüpp, das die Sicht behindert. Dass etwas von ‚Gott' in dich kommt, wie in der Neunten von Beethoven etwas von ‚Gott' steckt. Dass auch eine Art ‚Liebe' entsteht, keine Luxus-Liebe von einer halben Stunde, in der du herrlich schwelgen kannst, voller Stolz auf deine eigenen erhabenen Gefühle, sondern eine Liebe, mit der du in der kleinen alltäglichen Praxis etwas anfangen kannst."
>
> (Vgl. DHB 42, ST 88)

Hätte Etty, so könnte jemand fragen, sich nicht einfach in die Bibel hineinvertiefen können, die sie durch Spier kennen- und schätzen gelernt hatte? Mit feinem Gespür nimmt sie wahr, dass dieser Augenblick für sie noch nicht gekommen ist; sie wäre Gefahr gelaufen, die Bibellektüre noch zu „verkopft" anzugehen.

Sie hat sich in diesem langsamen Prozess der inneren Erneuerung weder durch hin und wieder aufkommende Lustlosigkeit noch durch körperliche Schmerzen aufhalten lassen. Durch alle nie ganz überwundenen Schwierigkeiten und Rückschläge hindurch hat Gott in ihr gewirkt.

* * *

Zur Reflexion

Sich nach innen zu wenden, das war für Etty Hillesum ein bewusster *Entschluss* – mit allem, was dazugehört: geistige Präsenz, das Setzen von Prioritäten, Initiative, Entschlossenheit, Energie, guter Wille und das Einbeziehen des Körpers …

Wie sieht das bei mir aus? Habe ich schon einmal einen solchen Entschluss, eine grundlegende Entscheidung getroffen?

Und habe ich dann Wege gefunden, diese Entscheidung im Lebensalltag umzusetzen und durchzutragen?

III – Hineinhorchen

„Lieben und *,hineinhorchen'* in sich und andere - und in die Zusammenhänge dieses Lebens und in dich. *,Hineinhorchen'*, dafür fände ich gern einen guten niederländischen Ausdruck. Eigentlich ist mein ganzes Leben ein unablässiges *,Hineinhorchen'* - in mich selbst, in andere, in Gott. Und wenn ich sage, ich *,horche hinein'*, dann ist es eigentlich Gott in mir, der *,hineinhorcht'*. Das Wesentlichste und Tiefste in mir, das auf das Wesentlichste und Tiefste im anderen horcht. Gott zu Gott."

(Vgl. DHB 247, ST 658)

Etty hatte beschlossen, den „verrückten Zug" ihres Lebens anzuhalten: Eine stille Stunde am Morgen sollte ihre inneren Turbulenzen beruhigen, ihr seelisch-geistiges Wirrwarr entflechten und die „seelische Verstopfung" überwinden. Mit diesem

Entschluss allein hat sie schon ein wichtiges Wegstück geschafft. Sie will nicht mehr der ständigen Versuchung äußeren Getriebenseins erliegen, jenen „Zerstreuungen", wie Blaise Pascal es genannt hat: Er stellte fest, dass sie das Einzige seien, was uns in unserem Elend tröste – und gerade deshalb seien sie das größte Elend; denn sie hinderten uns daran, an unsere wirkliche Lage zu denken, und so verlören wir, ohne es zu merken, uns selbst!

Was aber zeigt sich, was tut sich auf bei der Hinwendung nach innen, in die Tiefe des Herzens? Und was ist das eigentlich: sich nach innen wenden? Etty kommt dafür ein deutsches Wort in den Sinn, für das sie keine passende niederländische Entsprechung findet: *Hineinhorchen*. Es ist ein bedeutungsvolles, prägnantes Wort, das für ein ganz besonderes Hören steht. Es ist etwas anderes als etwa das durch eine Lektüre angestoßene Nachdenken, als Studieren, Reflektieren oder Ähnliches. Mit all diesen geistigen Tätigkeiten ist Etty mehr als vertraut; doch es ist ein nur vermeintliches inneres Leben, das sie bislang geführt hat – mit der Folge, so schreibt sie, dass sie sich „zu stark in ‚Ausschweifungen', in Bacchanalen[4] des Geistes verliere". „Vielleicht", so stellt sie fest, „identifiziere ich

4 „Bacchanale" sind – in Bezug auf die wilden antiken Bacchusfeste – ungezügelte Trinkgelage; der Begriff wird auch übertragen verwendet.

mich auch zu stark mit allem, was ich lese und studiere. Jemand wie Dostojewski macht mich immer noch irgendwie kaputt ... Mit Denken komme ich ja doch nicht weiter“ (vgl. DHB 268f, ST 135).

Hineinhorchen ist etwas anderes: ein ungeteiltes Hören in der Hinwendung zur Wirklichkeit, und zwar so, dass diese Bewegung nicht doch wieder von einer subtilen Eigenliebe umgebogen und auf einen selbst gelenkt wird.

Die Wirklichkeit umfassend in den Blick zu nehmen, das verlangt die Entschlossenheit, in der Betrachtung der anderen und der Dinge zu verweilen. Wozu Entschlossenheit?, mag jemand einwenden: Ist es denn nicht ganz natürlich, die Welt mit den Sinnen wahrzunehmen, durch Hören, Fühlen, Sehen, Schmecken, Riechen? Und ist nicht auch die geistig-gefühlsmäßige Wahrnehmung eine Selbstverständlichkeit? Empfinden wir nicht ganz von selbst eine Sache so oder so, werden wir uns ihrer nicht automatisch bewusst? – In gewisser Weise ja, doch *wirkliches Verweilen in wahrnehmender Betrachtung* ist alles andere als eine Selbstverständlichkeit. Dies sind wir in aller Regel *nicht* gewohnt, sondern wir ordnen das, was wir wahrnehmen, ganz schnell ein, wir analysieren und brüten vielleicht darüber, wir überlegen, was wir damit machen können ... Im „Denken“ der Wirklichkeit verzwecken wir diese oft, fragen uns, was wir damit anstellen können, was wir tun können. Die Wahrnehmung als solche ist auf ein Minimum beschränkt. Etwas *einfach wahrnehmen* - ohne sofort zu reagieren und zu versuchen, etwas damit anzufangen oder es zu verändern, das ist gerade in unseren westlichen Gesellschaften eine eher seltene Haltung. Statt offen aufzunehmen, was ist, stürzen wir uns wie versessen aufs „Agieren“, was oft genug ein Vorwand sein kann, um der mühsamen Aufgabe zu entgehen, der komplexen Wirklichkeit offen zu begegnen.

Aus der Biologie wissen wir, dass es in unserem Gesichtsfeld einen sogenannten blinden Fleck gibt, eine Stelle auf der Netzhaut, die keine Signale empfangen und weitergeben kann. Die Psychologie kennt entsprechende Phänomene: Unbewusst schließen wir ganze Teile der Wirklichkeit aus unserem Bewusstsein aus. Es ist eine alltägliche Erfahrung, dass Dinge, die dem zuwiderlaufen, was uns interessiert oder gerade gefangen nimmt, ausgeblendet, gewissermaßen neutralisiert werden. Entweder treten sie erst gar nicht über die Schwelle unseres Bewusstseins, oder sie werden nur beiläufig registriert und als mehr oder weniger unwichtig abgetan.

„Hineinhorchen“, das bedeutet für Etty, die Wirklichkeit nicht zu reduzieren auf das, was sie auslöst - Interesse, Haben-Wollen, Ungeduld usw. Denn die Dinge sind mehr als das, was sie oberflächlich an Eindrücken wecken. Etty möchte lernen, tiefer wahrzunehmen. Ein schwieriges Unterfangen. Sie hätte ihre Aufzeichnungen durchaus mit dem Titel von Gandhis Autobiografie überschreiben können: „Meine Experimente mit der Wahrheit“.

Hat nicht alles, was da ist, erst einmal das Recht, da zu sein? Diese uneingeschränkte Offenheit gehört zum „Hineinhören“ unbedingt dazu.

In dieser Offenheit achtet Etty auf ihre Affektivität, ihre Gefühle. Sie bringt eine große „Durchlässigkeit“, ein feines Gespür mit und geht nicht über das hinweg, woran sie rührt. Schwachstellen und neuralgische Punkte in ihr werden bloßgelegt, Abgründe und Gräben tun sich auf. Sie hätte daran auch zerbrechen können. Als „Seele ohne schützende Haut“, der es schon weh tue, wenn jemand flüchtig an sie rühre, hat sie sich einmal bezeichnet. Im alltäglichen Leben lernt sie zu unterscheiden zwischen zwei Haltungen, die nicht verwechselt werden dürfen und die sich mit den Begriffen „abhärten“ einerseits und „verhärten“ andererseits beschreiben lassen: „Ich glaube, dass ich jeden Tag mehr abgehärtet werde […], aber verhärtet werde ich nie, und ich habe auch keinerlei Bedürfnis, es zu werden“ (vgl. ST 648, DHB 234).

Sich der ganzen Wirklichkeit öffnen, das bedeutete für Etty, auch unangenehme Wahrheiten ertragen zu lernen und sich eine „schützende Haut“ zuzulegen, sich zu stählen. Immer wieder fühlte sie sich kraftvoll und merkte dann doch sehr schnell, wie schwach sie war. Sie musste „abgehärtet“ werden und dabei zugleich wachsam sein, dass sie nicht *ver*härtete und sich nicht mit einem Panzer umgab.

Salomos schönste Bitte an Gott lautet: „Verleih deinem Knecht ein hörendes Herz“ (1 Könige 3,9). Mit diesem Wort ließe sich Ettys Weg beschreiben. Gott ist nie fern, wo Offenheit ist und Freiheit aufkeimt: Er ist allen nahe, die ihn suchen.

* * *

Zur Reflexion

Wie leben wir „mit uns selbst"? Gedanken kommen und gehen. Manche sind eher banal, drehen sich um die alltäglichen kleinen Sorgen. Andere machen uns Angst …

Wie gehe ich mit diesen Gedanken um? Versuche ich, sie gewaltsam zu unterdrücken? Das wäre genauso falsch, wie mich ständig damit zu beschäftigen.

Von Etty Hillesum können wir einen anderen Weg lernen: sich keine Gewalt antun, sondern von Zeit zu Zeit - mit Geduld und ohne Selbstgefälligkeit - in sich hineinhorchen und hinschauen.

IV – Den Eltern vergeben

„Mischa kündigte mir Vaters Ankunft für Samstagabend an. Erste Reaktion: grässlich. In meiner Freiheit bedroht. Lästig. Was soll ich mit ihm anfangen? [...] Letztlich liebe ich ihn sehr, aber das ist, besser: das war eine komplizierte Liebe: überspannt, verkrampft und so mit Mitleid vermischt, dass es mir schier das Herz gebrochen hat. [...] Das muss ich ihm jetzt innerlich vergeben. Und denken und auch wirklich meinen: Wie schön, dass er mal rauskommt. So, das war ein schönes Morgengebet."

(Vgl. DHB 99f; ST 212f)

„Mutter. Plötzlich eine Welle von Liebe und Mitleid, die alle kleinen Ärgernisse fortspülte. Fünf Minuten später natürlich doch wieder verärgert. Aber später am Tag wieder so ein

Gefühl: Vielleicht kommt mal, wenn du sehr alt bist, eine Zeit, in der ich eine Weile bei dir bin und dir dann erkläre, was alles in dir steckt, und dir so deine Unruhe nehme; denn allmählich beginne ich zu verstehen, wie du eigentlich beschaffen bist."

(Vgl. DHB 115, ST 274)

„Innerlich die eigenen Eltern lieben. Das heißt, ihnen alle Schwierigkeiten verzeihen, die sie dir durch ihre bloße Existenz bereitet haben: die Bindung, die Abneigung, die Last, die sie durch ihr eigenes kompliziertes Leben deinem schon so schwierigen Leben zusätzlich auferlegt haben. Ich glaube, ich schreibe hier gerade den größten Schwachsinn. Na ja, das ist nicht schlimm."

(Vgl. DHB 99, ST 212f)

In sich hineinhorchen, das heißt auch: verstehen, woher man kommt, die eigene Herkunft, die prägenden Wurzeln und Abhängigkeiten in den Blick nehmen. Diese Abhängigkeiten wie auch der Mangel an Freiheit, der unsere Entwicklung erschwert, sind oft eng verknüpft mit der Beziehung zu unseren Eltern. Denn diese Urbeziehung kann sich als eine Falle entpuppen, in der wir unbewusst festsitzen. So war es jedenfalls für Etty. Sie merkt, wie wichtig es ist, einen Prozess zu beginnen, in dem nicht so sehr die Beziehung zu den realen Eltern infrage gestellt, als vielmehr das innere Bild von den eigenen Eltern kritisch angeschaut wird, das oft von erlittenen Verwundungen geprägt ist. Denn es ist nicht zuletzt dieses Bild, das einen blockieren kann.

Etty entstammt der Verbindung eines als „reserviert, gebildet und humorvoll" beschriebenen Mannes und einer Frau, die in der Einführung zu Ettys gesammelten Schriften als „geschäftig, chaotisch, extrovertiert und dominant" geschildert wird. Der familiäre Hintergrund wurde im Eingangskapitel bereits kurz angerissen.

Ettys Verhältnis zu ihren Eltern war lange Zeit verkrampft und von Reibereien und einer unterschwelligen Gereiztheit beherrscht. Besonders gilt das im Blick auf die Mutter:

> „Ich versuche, sie objektiv zu sehen, und auch, sie ein wenig lieb zu haben, aber dann denke ich plötzlich wieder aus tiefster Überzeugung: Was bist du doch für ein lächerlicher, alberner Mensch" (vgl. DHB 58, ST 117).

Auch wenn es mit ihrem Vater ein größeres Einvernehmen gab, so war es für Etty doch auch mit ihm nicht leicht. Als er einmal unerwartet kommt, stellt sie lapidar fest: „Viel Genervtheit auf beiden Seiten …“

Wie ging sie mit diesen gespannten Beziehungen um? Zunächst einmal in Treue zu ihrem Grundprinzip, nicht vor dem zu flüchten, was ihr begegnet. Sie leugnet nicht ihre negativen Gefühle, sondern nennt sie beim Namen und geht dann allmählich darüber hinaus – um sie schließlich auf ihre Weise humorvoll in ein Gebet einmünden zu lassen und so umzuwandeln: „… welche Chance, seine Vorstellungen für ein paar Tage zu ändern! Ein solches Morgengebet steht einem anderen in nichts nach!“ Es ist eine ihrer höchst originellen Formulierungen, die sie nirgendwo entlehnt hat: Sie entspringen ihrer ureigenen Erfahrung.

Die Beziehung zu den Menschen, von denen wir das Leben empfangen haben, ist selten einfach. Oftmals ist sie durch enttäuschte Erwartungen und offene oder unterschwellige Vorwürfe belastet. Etty ist diesem „Knäuel“ nicht entgangen. Aber sie ist es angegangen – und wählt wieder einen anspruchsvollen „Ausweg“, den wir näher betrachten wollen.

- Ein erster Schritt ist das *Bewusstwerden* des Klimas im elterlichen Haus in Deventer. Zurück von einem Besuch, schreibt sie:

> „Man steckt hier bis zum Hals in ungelösten Problemen und Stimmungsschwankungen, es herrscht ein chaotischer, trauriger Zustand, der sich im äußeren Chaos des Haushalts widerspiegelt. [...] Das Leben in diesem Haus scheitert an Kleinigkeiten. [...] Ich würde zur Berufsmelancholikerin, wenn ich länger hierbleiben würde. Man kann hier auch nichts tun, weder helfen noch eingreifen."
>
> (Vgl. DHB 58, ST 117)

- Ein zweiter Schritt: Auf die Wahrnehmung der Lage folgt das *Bemühen zu verstehen*. Etty versucht tiefer zu erfassen, wie diese beiden so unterschiedlichen Persönlichkeiten zusammenprallen. Ein Beispiel: Auf die schrillen Schreie der Mutter folgt das Knallen der Tür; der Vater will sich wieder seinen geliebten Büchern widmen ...

Zum Verstehen gehört auch, den eigenen Part in diesem Zusammenhang zu sehen: „Mein Bauchweh macht mich selbst nicht gerade liebenswerter." Sie ermahnt sich selbst: „Auf, Etty, nimm dich zusammen!" Was ihre Eltern angeht, kommt sie zum

Schluss: „Mir schien, dass meine Eltern von der unendlichen Kompliziertheit des Lebens überwältigt waren, und zwar in zunehmendem Maße, sodass sie nie imstande waren, eine Entscheidung zu treffen. Ihren Kindern ließen sie zu große Bewegungsfreiheit, sie konnten ihnen keinen Halt geben, weil sie selbst nie einen Halt gefunden hatten" (vgl. DHB 114, St 261). Für Etty ist es eine ebenso grundlegende wie schmerzliche Erkenntnis, dass sich in manchen Worten und Verhaltensweisen ihrer Eltern das Chaos spiegelt, das sie in sich selbst vorfindet und das sie zu überwinden versucht. Und sie sieht immer klarer ihre eigene Aufgabe vor sich: „... ihren armen, umherirrenden, nicht zu Form und Ruhe gelangten Talenten eine Gelegenheit zu bieten, sich zu entwickeln, zu reifen und ihre Form zu finden" (vgl. ebd.) – und so in sich selbst das zu verwirklichen, was im Leben ihrer Eltern sich nicht hat entfalten können oder abgewürgt wurde.

Im Versuch zu verstehen, begegnet sie unmittelbar ihren eigenen Wurzeln; es ist ein Erkennen wechselseitiger Abhängigkeit – und eine bewusste Solidarität. Gegen Ende ihrer Aufzeichnungen macht sie sich das Gebet zu eigen: „Herr, gib mir, dass ich nicht so sehr danach trachte, verstanden zu werden, als zu verstehen" (vgl. DHB 287, ST 691).

– Der dritte Schritt in der Beziehung zu ihren Eltern ist die *Vergebung*, eine tiefe Gemeinschaft, das Frieden-Finden: ein unabdingbarer Schritt! Etty greift zu den zitierten drastischen Worten: Es gehe darum, den eigenen Eltern „alle Schwierigkeiten [zu] verzeihen, die sie dir durch ihre bloße Existenz bereitet haben: die Bindung, die Abneigung, die Last, die sie durch ihr eigenes kompliziertes Leben deinem schon so schwierigen Leben zusätzlich auferlegt haben“ (vgl. DHB 99, ST 212f).

Dieser schwierige Schritt setzt die beiden ersten voraus: das Erkennen und das Verstehen. Etty hat einen inneren Reifungsprozess durchlaufen; sie spürt, dass sie es im Blick auf ihre Eltern nicht länger nur bei – noch so berechtigten – Vorwürfen belassen darf. Erst jetzt kann sie ohne Ausflüchte die Verantwortung für ihren eigenen Weg übernehmen und zu einem gelösteren Verhältnis zu den Eltern finden, in dem nicht mehr Ansprüche oder Ressentiments vorherrschen.

Bald darauf sollte sie darunter leiden, dass sie ihre gerade zwei Zugstunden entfernt wohnenden Eltern nicht mehr besuchen kann. Die Juden durften ihre Gemeinden und Stadtviertel nicht mehr verlassen. Später, als ihre Eltern ebenfalls nach Westerbork in das grauenvolle „Durchgangslager“ kommen, ist Etty berührt, wie sie das Geschehen zu nehmen wissen: „Meine Eltern verhalten sich wirklich großartig“ (vgl. ST 779); sie ist stolz auf sie.

Nicht zu vergessen ein heimlicher Spaziergang mit ihrem Vater - es war einer der letzten - in der umliegenden Natur, die ihr wie eine richtige Wüste vorkommt. Der Wind bläst ihnen den Sand ins Gesicht und nimmt ihnen fast den Atem, er umweht die lila Lupinen, die Pechnelken und anmutige, Möwen ähnelnde Vögel. „Die Juden in der Wüste! Diese Landschaft kennen wir noch von früher!“ (ST 866), seufzt der Vater. Etty nimmt es aufmerksam und bekümmert wahr: „… so ein freundlicher kleiner Vater, der hin und wieder einfach aufgeben will“ (ebd.).

Solche Momente sind auch Teil des Weges ihrer Versöhnung mit sich selbst - bis in die eigenen Wurzeln hinein, die sie tragen. „Nicht du trägst die Wurzel, sondern die Wurzel trägt dich“, heißt es treffend im Römerbrief (Röm 11,18).

Etty hat zu einer respektvollen Dankbarkeit gefunden, die es ihr ermöglichte, einen jeden in seine eigene Geschichte hinein zu „entlassen“. So hat sie auf ihre wie immer ganz eigene Weise die beiden grundlegenden biblischen Weisungen verbunden: „Vater und Mutter zu verlassen“ und zugleich „Vater und Mutter zu ehren“.

Am 7. September 1943 verließ Etty mit demselben Zug wie ihre Eltern das Lager Westerbork in Richtung Auschwitz.

* * *

Zur Reflexion

Ettys Leben zeigt, was Simone Pacot einmal in dieses anschauliche Bild gekleidet hat: dass unsere Eltern für uns die „Übermittler" des Lebens sind, dass diese Übermittlung aber durchaus verunglücken und Folgeschäden haben kann.

Erkennen, verstehen und den Eltern verzeihen, das sind wichtige Etappen der geistig-spirituellen Entwicklung. Solange diese Arbeit nicht begonnen hat, werden wir tief im Herzen schwerlich wirklich Ruhe und Frieden finden.

Wie geht es mir mit meiner eigenen Geschichte, wenn ich mir Ettys „innere Arbeit", die Entwicklung ihrer Beziehung zu ihren Eltern vor Augen halte?

V – Allein.
Ich bin mir selbst anvertraut

„Es ist ein langsamer und schmerzlicher Prozess, zur wirklichen innerlichen Selbständigkeit geboren zu werden. Immer mehr zur Gewissheit zu gelangen, dass es nie und nimmer Hilfe, Unterstützung und Zuflucht bei anderen für dich gibt. Dass die anderen genauso unsicher, schwach und hilflos sind wie du selbst. Dass du immer die Stärkere sein musst. Ich glaube nicht, dass es in deiner Art liegt, bei anderen Zuflucht finden zu können. Du wirst immer wieder auf dich selbst gestellt sein. Es gibt nichts anderes. Das andere ist Fiktion. Aber das musst du jedes Mal wieder von Neuem erkennen. [...] Und wenn du in deinem 27. Lebensjahr zu so bitteren ‚Wahrheiten' gelangen musst, überkommt dich bisweilen ein verzweifeltes und einsames und ängstliches Gefühl, aber andererseits auch wieder ein

Gefühl von Stolz und Unabhängigkeit. Ich bin mir selbst anvertraut und muss es allein hinbekommen. Der einzige Maßstab, den du hast, bist du selbst. Ich wiederhole es mir immer wieder. Und die einzige Verantwortung, die du in deinem Leben wirst übernehmen können, ist die Verantwortung für dich selbst. Aber das musst du dann auch voll und ganz tun. Und jetzt S. anrufen."

(Vgl. DHB 82f, ST 184f)

Es ist eine merkwürdige und zugleich unabdingbare Etappe auf Ettys Weg – wie überhaupt im geistlichen Leben: das Begreifen, dass man allein ist. Ohne diesen Lernprozess würde sich in unsere Beziehungen zu anderen Menschen wie zu Gott das Gift des Haben-Wollens einschleichen.

Woher kommt dieses subtile Lasso, das wir nach den anderen werfen, dieser Wunsch, den anderen im Blick zu behalten oder in seinem Blickfeld zu sein? Aus einer tief sitzenden, unglaublichen Furcht davor, allein zu sein, verlassen zu werden – und umgekehrt, da jede Furcht die Kehrseite eines Wunsches ist – aus dem unstillbaren Verlangen, geliebt zu sein.

Die Furcht, verlassen zu werden, speist sich oft aus schmerzlichen Kindheitserfahrungen. Die

Angst, verstoßen zu werden, und das übermächtige Verlangen nach Sicherheit und Zuneigung können in eine geradezu krankhafte Abhängigkeit von anderen Menschen führen; Zweifel, Schuldgefühle und Enttäuschungen beeinträchtigen dann unsere Beziehungen zu anderen Menschen. Etty kann davon ein Lied singen.

Indem sie sich dessen bewusst wird, beginnt sie aus dieser Not herauszufinden. Gleich zu Beginn ihres Tagebuchs stellt sie fest: „Leichte Veränderung der Hierarchien in meinem Leben." Auch der Platz, den Spier einnimmt, verändert sich allmählich: Anfangs hatte sie bei der Lektüre von Autoren, die sie gerade studierte, wie in einer Überblendung immer Spiers Gesicht vor Augen, sodass sie nicht mehr weiterarbeiten konnte; dann aber rückte sein - sehr wohl stets präsentes - Antlitz in den Hintergrund, wie eine geliebte, vertraute Landschaft.

Wenn Etty früher eine Blume schön fand, hätte sie diese am liebsten gleich gepflückt und an ihr Herz gedrückt. Oder wenn sie das Geäst eines Baumes in der Dämmerung betrachtete, war sie davon ganz gefangen; am liebsten hätte sie sich alles Schöne gleich „einverleibt" ... Doch sie merkt, wie dieses Verlangen sie mitnimmt und auslaugt. Es kommt ihr vor wie eine Art „Onanie", eine Weise, sich zu erregen, um Vergnügen zu empfinden, das aber steril bleibt, das nie genügt und eben doch nicht wirklich befriedigt. Dann ändert sich etwas in Etty. Wie, das vermag sie selbst nicht zu sagen. Doch etwas ist offenkundig anders geworden (vgl. DHB 24f, ST 48f).

Die Art und Weise, wie sie im Nachhinein einen Anfall von Eifersucht Spier gegenüber beschreibt, zeugt von ihrer analytischen Begabung: „Er hat mich tief in meinem Wesen berührt [...]. Ich wollte ihn auf irgendeine Weise besitzen und hasste alle Frauen, von denen er mir erzählt hatte [...]. Vielleicht bin jetzt ich an der Reihe? [...] Damals war ich todunglücklich und einsam" (vgl. DHB 25f, ST 49f).

Etty wird sich bewusst, dass auch das Schreiben eine verkappte Weise sein kann, sich die Dinge mithilfe von Worten und Bildern aneignen und sich ihrer bemächtigen zu wollen. Dieses Bewusstwerden ist der Anfang einer Geburt zu „einer wirklichen innerlichen Selbständigkeit": Sie erfährt sich wie befreit von ihrer Sucht, haben zu wollen, und sie freut sich über diesen Fortschritt, auch wenn es manchmal Mühe kostet. Trotz der Wellen von Einsamkeit, Verzweiflung und Ängsten, die sie von Zeit zu Zeit wieder überkommen, hält sie Kurs: Sie will die noch zarte, neu gewonnene Freiheit unbedingt bewahren. Und sie entdeckt: „Der einzige

Maßstab, den du hast, bist du selbst." Nicht um abgeschottet und autark zu sein – schon gar nicht in einer vermeintlichen „splendid isolation" (Etty merkt, wie leidenschaftlich ihr Herz weiter schlägt, „aber niemals nur für *einen* Menschen"), sondern um der großen Verantwortung zu entsprechen, die jeder Mensch für sich selbst hat. Diese Verantwortung kann einem niemand abnehmen.

Wenn dem so ist, dann müssen wir sie auch ganz tragen, stellt Etty klar. Konkret gilt es, diese Verantwortung für sich selbst umzumünzen in eine Fülle kleiner wie großer Entscheidungen: Spier anrufen; sich nicht anstecken lassen von der Niedergeschlagenheit derer, die ihr begegnen; sich eine halbe Stunde (aber nicht mehr!) zu genehmigen, in der sie sich auch einmal trüben Gedanken hingibt; endlich die Lektüre in Angriff nehmen, die sie schon lange im Sinn hat; den Ursachen ihrer „Fressattacken" nachgehen usw.

Auf dem Boden ihrer wachsenden inneren Unabhängigkeit reift in ihr eine wichtige Entscheidung: Spier *nicht* zu heiraten, wie sie später explizit formuliert:

> „Aber ‚heiraten', was der brave Bürger heiraten nennt, möchte ich ihn nicht, das muss ich jetzt endlich mal ganz nüchtern und ehrlich sagen.

> Es gibt mir sogar ein Gefühl der Stärke, dass ich meinen Weg allein gehen muss. Von Stunde zu Stunde genährt von der Liebe, die ich für ihn und für andere in mir trage. [...]
> So möchte ich dann doch lieber allein bleiben und für alle da sein“ (vgl. DHB 234, ST 648).

Allein - *und* für alle da sein: Etty hat dies, als es ernst wurde, tatsächlich in letzter Konsequenz gelebt. Als es ihr geboten schien, sich mit der ihr eigenen Liebesfähigkeit für alle Menschen zu öffnen, hatte sie die Kraft, sich von Spier zu entfernen. Nicht, weil er ihr nichts mehr bedeutet hätte in jener Zeit, da er an Lungenkrebs erkrankt war. Sentimentales Mitleid hätte sie zum Bleiben in Amsterdam, in seiner Nähe, bewogen; doch sie ging den Weg, den sie als den richtigen verstanden hatte, in der Gewissheit, dass die kürzeste Verbindung zwischen zwei Menschen über die Treue eines jeden zu sich selbst führt.

Von Spier wegzugehen fiel ihr schwer und war keine mit stoischem Gleichmut getroffene Entscheidung, sondern veranlasst von jener nicht zu unterdrückenden geheimnisvollen *Präsenz,* in der sie inzwischen beständig lebte.

Sie spricht öfter davon, dass sie sich selbst anvertraut sei und auf sich aufpassen müsse. Eine solche Erkenntnis umzusetzen kann äußerst hart sein. Etty hat auch weiterhin Abgründe durchlebt. Nach zehn Tagen stumpfsinniger Tätigkeit im Amsterdamer Judenrat befallen sie plötzlich Suizidgedanken.

> „Doch mit einem Mal sprudelte aus verborgenen Quellen eine Kraft empor, die mir zu verstehen gab, dass ich noch lange nicht am Ende bin“ (vgl. ST 642).

Diese Kraft, die ihr sagt, dass sie noch nicht am Ziel ist, versichert ihr gleichzeitig: Du kannst es! Etty ist sich bewusst, dass sie noch oft denken wird, am Ende ihrer Kräfte zu sein; doch sie spürt eben auch „diese immense Sicherheit und Kraft“ in sich (ebd.), eine Kraft „aus verborgenen Quellen“: Es war die Zwiesprache mit Gott, die ihr, die einmal notiert hatte, dass man sich selbst Heimat sein müsse, die Kraft gegeben hat, immer mehr in sich selbst zu stehen.

* * *

Zur Reflexion

Verlangen wir nicht oft unbewusst von den anderen etwas, was sie uns gar nicht geben können? Wenn selbst die Menschen, die uns lieben, sich als unfähig erweisen, den Schrei unserer existenziellen Einsamkeit zu vernehmen, könnte das ein Fingerzeig sein: Sollten wir uns nicht auf jene geheimnisvolle *Präsenz* tief in unserem Innern stützen, die uns - ohne uns unsere Einsamkeit zu nehmen - hilft, ebendiese Einsamkeit zu „bewohnen"?

VI – Anteil am „Massenschicksal“

„Wir müssen noch viel erdulden. Wir werden bald bettelarm sein und verelenden, wenn das noch lange so weitergeht; unsere Kräfte verfallen von Tag zu Tag, nicht nur aufgrund der Ängste und Unsicherheiten, sondern auch wegen einfacher Kleinigkeiten: etwa, dass wir immer mehr Geschäfte nicht mehr betreten dürfen und alle Wege zu Fuß zurücklegen müssen, was viele, die ich kenne, jetzt schon sehr erschöpft. Von allen Seiten schleicht sich die Vernichtung heran, und bald wird der Kreis um uns geschlossen sein, sodass auch gutwillige Menschen uns nicht mehr helfen können. Jetzt gibt es noch viele Schlupflöcher, aber die werden bald geschlossen sein.“

(Vgl. DHB 190, ST 605)

„Jeder möchte sich selbst retten, obwohl er wissen sollte: Wenn nicht er geht, muss ein anderer an seiner Stelle gehen. Spielt es eine große Rolle, ob ich gehen muss oder ein anderer, ob dieser oder jener? Es ist nun ein ‚*Massenschicksal*' geworden, das muss man wissen. Ein sehr schwerer Tag. Aber ich fange mich immer wieder im Gebet. Und das werde ich wohl immer tun können, auch auf kleinstem Raum: beten. Und den Teil vom ‚*Massenschicksal*', den ich tragen kann, schnalle ich als Bündel auf meinem Rücken fest, immer fester, verwachse damit und laufe jetzt schon damit durch die Straßen."

(Vgl. DHB 200, ST 614)

Der Zweite Weltkrieg liegt für uns lange zurück; aus der Distanz und mit unserer Kenntnis der Geschichte können wir manches eher einordnen und bewerten. Für Etty war es anders: Sie war mittendrin in einem Geschehen, dessen Ausgang sie nicht kannte; sie erlebte Stunde um Stunde mit, wie sich der Krieg entwickelte; sie war Augenzeugin des aufbrechenden Antisemitismus, als sich das ganze Ausmaß der ihrem Volk bevorstehenden Tragödie noch nicht erahnen ließ. Menschenverachtende Extremismen flößen immer und von allem Anfang an Angst ein, doch wie perfide und grausam sie werden können, das offenbart sich oft erst nach und nach.

Wie hat ein so human gesinnter Mensch wie Etty Hillesum anhand erster, dann immer stärkerer Signale die perverse, todbringende Intention erkannt, die da am Werk war? Wie ist sie sich bewusst geworden, dass einem ganzen Volk das Lebensrecht abgesprochen wurde - jenem Volk, dem sie selbst entstammte - und dass auch ihr eigenes Leben von Tag zu Tag in größerer Gefahr war?

Das Böse ist und bleibt ein Rätsel. Im Großen wie im Kleinen macht es sprachlos. Wir stehen erst einmal ungläubig davor, bevor wir uns wirklich eingestehen können, dass es tatsächlich existiert. Sosehr wir die Folgen des Bösen sehen, sosehr wir seine Mechanismen entschlüsseln mögen, so sehr übersteigen die Boshaftigkeit und Perversität, zu der Menschen fähig sind, unser Begriffsvermögen. Etty hat diesen Schock nicht nur einmal erlebt. Sie steht vor dem Unbegreiflichen und kann zeitweise einfach nicht glauben, was sie sieht. Doch die weiteren Entwicklungen lassen sie dann in aller Schärfe erkennen, worauf das alles hinausläuft. Ohne Umschweife, präzise und ohne jede Beschönigung bringt sie zu Papier, was bevorsteht. Sie weiß: Man wird ihnen alles nehmen. „Von allen Seiten schleicht sich die Vernichtung heran [...]. Jetzt gibt es noch viele Schlupflöcher, aber die werden bald geschlossen sein."

Etty sieht sich gezwungen anzuerkennen, dass dieses „Stück Geschichte [...], wie es noch nie eines gegeben hat" (vgl. DHB 200, ST 614), nicht aufzuhalten ist; sie prägt einen deutschen Begriff, um darüber sprechen zu können: „Es ist nun zu einem *,Massenschicksal'* geworden." Ihre ganze Aufmerksamkeit richtet sich auf diese Verfolgung, eine „in dieser totalitären, sich über ganz Europa erstreckenden Form der Massenorganisation" neue Entwicklung, wie sie am 10. Juli 1942 schreibt (vgl. ebd.). Sie unterstreicht - und sie sollte recht behalten –, dass diese Verfolgung den Juden kaum einen Ausweg lässt. Ein ganzes Volk, ihr Volk, ist gefangen im Strudel einer mörderischen Ideologie, aus dem es kein Entrinnen gibt.

Im folgenden Jahr, eingetaucht in das unvorstellbare Elend des Lagers Westerbork, notiert Etty, sie habe eine junge Frau getroffen, die ihr berichtete, „wie sie durch Zufall in Westerbork gelandet war" (ST 752). Sie hielt es für Schicksal. Etty kommentiert: „Das ist eine typische allgemeine Erscheinung: Alle glauben, dass gerade ihr eigener Fall ein unglücklicher Zufall ist, eine gemeinschaftliche historische Einschätzung der Situation haben wir im Allgemeinen noch nicht erreicht" (ST 752f).[5]

In Etty selbst wird dieses „historische Bewusstsein" immer stärker. In einem erschütternden Brief vom 24. August 1943 schreibt sie, man fühle sich immer „wie Augen und Ohren eines Stücks jüdischer Geschichte" (ST 823). Für sie ist es ein Bewusstseinswandel, eine allmähliche Standortverlagerung: heraus aus ihrer individuellen Geschichte, hinein in die kollektive Geschichte ihres Volkes – und letztlich in die Solidarität mit dem Menschengeschlecht. Es ist ein entscheidender Schritt, der ihren spirituellen Weg besiegelt und beglaubigt.

Wohl jede innere Suche hat anfänglich ein wenig von einer Nabelschau, um dann über sich selbst hinauszuführen in eine universelle Weite und ins Engagement für die Gemeinschaft. Dieser Übergang verlangt freilich bewusste Entscheidungen. In ihrer Umgebung sieht Etty Menschen, die nicht zögern, ihre eigene Haut auf Kosten anderer zu retten, und die nach jedem Strohhalm greifen, um selbst vielleicht doch davonzukommen. „Ich will keines von diesen Papieren, für die sich die Juden gegenseitig bis aufs Blut bekämpfen" (vgl. DHB 280, ST 685), schreibt sie im Blick auf jene Listen mit „Kategori-

5 Vgl. die Feststellung vom 14. Juli 1942: „Man hat zu wenig historisches Bewusstsein" (ST 624, Anm. des Übers.).

en" von Juden, die von der Deportation auszunehmen seien – in Wahrheit eine ganz und gar illusorische „Sicherheit". Sie selbst zieht etwas anderes vor: „In allen Lagern von ganz Europa möchte ich sein [...], ich will ja gar nicht in sogenannter ‚Sicherheit' sein, ich will doch dabei sein, ich möchte ein wenig Verbrüderung an jedem Ort, wo ich bin, zwischen all den sogenannten Feinden stiften [...]" (vgl. ebd.).

Als Freunde sie drängen, sich an einen sicheren Ort zu begeben, da sie doch solche Fähigkeiten besitze, weigert sie sich: „Es ist eine eigenartige Selbstüberschätzung, zu meinen, man sei zu wertvoll, um mit anderen gemeinsam ein *‚Massenschicksal'* zu erleiden" (vgl. DHB 207, ST 619). Ist dies eine Art „Massenfatalismus"? Oder spricht daraus ein persönlicher Hang zum Fatalismus? „Es ist keineswegs so, dass ich mit einem gelassenen Lächeln auf den Lippen in meinen Untergang hineinrennen wollte", entgegnet sie in aller Entschiedenheit denen, die ihr Kamikazegelüste bzw. „eine Art Masochismus" unterstellen (vgl. DHB 206, ST 619).

Etty tut sich schwer, die richtigen Worte für den von ihr beschrittenen Weg zu finden:

„Wenn ich zu den anderen sage: ‚Fliehen oder Verstecken hat überhaupt keinen Sinn, es gibt

> kein Entkommen, wir müssen mitgehen und versuchen, für die anderen zu tun, was wir tun können', so klingt das viel zu sehr nach Resignation. Da schwingt etwas mit, was ich überhaupt nicht meine" (vgl. DHB 198, ST 613).

Es kann einen Augenblick im Leben geben, in dem eine *innere* Notwendigkeit, die uns „zum Gehen" drängt, stärker ist als aller äußerer Druck, der uns eben dazu zwingt. Wir spüren von innen her, dass wir etwas tun müssen – nicht *weil*, sondern fast *obwohl* es uns von außen her auferlegt ist. Etty hat dies erkannt und erlebt. Es ist das freie Einwilligen in ein unabdingbares Geschehen. Ist dies nicht gegen allen Anschein der äußerste, der extremste Punkt, an dem wir unsere Befähigung zum Widerstand und zur Freiheit realisieren?

Diese Bewährung kommt auch anderen zugute, wie sie festhält:

> „Deshalb muss ich es [mein Leben] so gut, so vollkommen und so überzeugt wie möglich weiterleben bis zum letzten Atemzug, sodass derjenige, der nach mir kommt, nicht ganz von vorn anfangen muss und es nicht mehr so schwer hat. Tut man damit nicht auch etwas für die Nachwelt?" (vgl. DHB 172, ST 585f).

Hier kommt menschliche Solidarität in ihrer horizontalen wie vertikalen Dimension in den Blick: in den Koordinaten von Raum (überall) *und* Zeit (mit Blick auf die künftigen Generationen). Durch das Tragen ihres „Teils vom Massenschicksal" steht Etty in tiefer geschwisterlicher Gemeinschaft mit weit mehr Menschen, als sie es in jenen Augenblicken erfassen konnte.

* * *

Zur Reflexion

Etty schrieb: „Ein sehr schwerer Tag. Aber ich fange mich immer wieder im Gebet." In diesen Momenten des Gebets fand sie Kraft, sich einen Teil des *„Massenschicksals"* als Bündel auf ihrem Rücken „festzuschnallen", wie sie formuliert.

Ein Kriterium echten Betens ist die Frage, ob es unser Verantwortungsbewusstsein weitet, ob es uns bereit macht, nicht davonzulaufen, wo es für uns selbst unbequem wird.

Hilft mir mein Beten tatsächlich, mich der Lebenswirklichkeit nicht zu entziehen, sondern mich ihr bewusst zu stellen?

VII – Jeden Tag Abschied nehmen

„Vor einigen Tagen dachte ich noch: ‚Das Allerschlimmste für mich wird sein, wenn man mir Papier und Bleistift nimmt und nicht erlaubt, ab und zu Klarheit in mir selbst zu schaffen; das ist für mich das Allerwichtigste, andernfalls wird mit der Zeit etwas in mir zerspringen und mich innerlich vernichten.
Jetzt weiß ich: Wenn man einmal damit anfängt, seine Forderungen und Wünsche zurückzustellen, dann kann man auch auf alles andere verzichten. Das habe ich in diesen wenigen Tagen gelernt. [...] Ich werde meine Papiere in Ordnung bringen und jeden Tag Abschied nehmen. Der wirkliche Abschied wird dann nur noch eine kleine äußerliche Bestätigung dessen sein, was sich in mir bereits Tag für Tag vollzogen hat. [...] Bin das wirklich noch ich, die hier mit einer solchen Ruhe und

Reife sitzt und schreibt? Könnte mich jemand verstehen, wenn ich sagte, dass ich mich so merkwürdig glücklich fühle [...]?
Ich traue mich kaum weiterzuschreiben; ich weiß nicht, was das ist, als ginge ich fast zu weit in meinem Bestreben, mich dem zu entziehen, was die meisten anderen Menschen beinahe in den Wahnsinn treibt. Wenn ich wüsste, ganz sicher wüsste, dass ich nächste Woche sterbe, könnte ich noch die ganze Woche an meinem Schreibtisch sitzen und seelenruhig weiterstudieren, ohne dass dies eine Flucht wäre, denn ich weiß jetzt, dass Leben und Sterben sinnreich miteinander verknüpft sind. Es wird ein Hinübergleiten sein, selbst wenn das Ende in seiner äußerlichen Form jämmerlich oder grauenhaft ist."

(Vgl. DHB 188f, ST 604f)

Diese Abschnitte sind von einer außergewöhnlichen, man möchte sagen: frühreifen Klarsichtigkeit. In der Stunde, da der Terror zunimmt und sich die Schlinge enger zieht, lebt Etty jeden Tag im Wissen um die schrecklichen Möglichkeiten, die jeden Augenblick Wirklichkeit werden können – für sie selbst wie für ihre Lieben. Inzwischen muss mit allem gerechnet werden. Der organisierte Terror hat ein solches Ausmaß erreicht, dass ihm Männer, Frauen und Kinder ohne eine Chance der Gegenwehr zum Opfer fallen. Etty sieht in aller Klarheit, dass es kein Entrinnen gibt. Sie hätte in dieser bedrohlichen Lage, die immer deutlichere Konturen annimmt, vor Schreck erstarren und sich verkriechen können. Doch auch als sie selbst aufgrund des schärferen Vorgehens gegen die Juden immer weniger Spielraum hat, will sie die Angst und Niedergeschlagenheit ihrer Schicksalsgenossen keinesfalls vermehren. Ganz bewusst richtet sie ihr Augenmerk auf die Zeichen des Vertrauens und der Liebe, die nicht weniger, sondern eher mehr werden. Und voller Glück stellt sie fest, dass sie sich noch anrühren lässt von einer „wahren Orgie an Vogelgezwitscher" oder einer Geranie, die sich von Tag zu Tag mit einem leuchtenderen Rot schmückt.

Dieses Glück ist weder eine Flucht noch Ausdruck von Überspanntheit. Etty lebt vielmehr im Bewusstsein, dass ihr in ihrem Leben viel Gutes zuteil geworden ist. Nichts vermag dieses Wissen zu verdrängen; ja gerade in dieser harten Zeit wird es für sie eine Quelle der Kraft. Sie spürt, dass es ihr helfen wird, anzunehmen und zu ertragen, was auf sie zukommen könnte.

Als der Tod näherrückt und seine dunklen Schatten vorauswirft, blickt Etty ihm ganz bewusst ins Antlitz. Genauer gesagt, sie entschließt sich, ihm in ihrem Herzen einen Platz zu gewähren. Ihr Ja zum Leben wird umso ganzheitlicher, je mehr sie auch zum Tod Ja sagt. Darin liegt keine pathologische Todessehnsucht, im Gegenteil: Es ist Zeichen eines Lebenshungers, der selbst angesichts des drohenden baldigen Todes „nicht kleinzukriegen" ist. Jeder Versuch, sich den unvorstellbaren Gräueln zu entziehen, wäre im Übrigen von vornherein zum Scheitern verurteilt gewesen und lächerlich erschienen. Etty hat darum versucht, die Möglichkeit zu sterben in ihr Leben zu integrieren und sich damit vertraut zu machen – nach dem Motto: Lieber etwas bewusst wählen, als es nur notgedrungen zu ertragen. Dieses Ja zum Tod war eine entscheidende Etappe auf ihrem inneren Weg. Sie schreibt:

> „Unserem Untergang, unserem vermutlich elenden Untergang, der sich jetzt schon in vielen kleinen Dingen des täglichen Lebens ankündigt, habe ich direkt ins Auge geblickt, und dieser Möglichkeit habe ich in meinem Lebensgefühl Raum gegeben, ohne dass es dadurch an Kraft verloren hätte. [...] Es klingt

> fast paradox: Wenn man den Tod aus seinem Leben verdrängt, führt man nie ein vollständiges Leben, und indem man den Tod in sein Leben einbezieht, erweitert und bereichert man das Leben" (vgl. DHB 173, ST 588).

Ihr Entschluss war ein gutes Fundament für alles, was auf sie zukommen würde, nicht allein für die schlimmsten Zukunftsszenarien. Denn ihr Ja zum Tod war alles andere als abstrakt; es prägte ihr Leben vielmehr ganz konkret, auch im Alltag. Da so vieles vom Tod sprach - ungezählte Entbehrungen, Verbote und Demütigungen -, bemühte sich Etty ab sofort um eine Haltung der Losgelöstheit. Sie war überzeugt, dass das, was man aus freien Stücken selbst „erwirbt", ein besseres Fundament hat und nachhaltiger trägt als das, was sich bloß unter Zwang entwickelt.

So beginnt sie, sich von allerlei liebgewonnenen Dingen zu lösen. Obwohl sie eine Tasse echten Van-Houten-Kakaos sehr zu schätzen weiß und leidenschaftlich gern Honigbrote genießt, begnügt sie sich fortan mit einem einfacheren Frühstück - zur Gewöhnung an eine mögliche Hungerszeit: „Ich werde mich wesentlich leichter an den Gedanken gewöhnen können, von hier wegzugehen, wenn ich mir diesen Abschied in einer Reihe kleiner

Handlungen vergegenwärtige, damit es mich nicht *‚letzten Endes'* doch noch als allzu schwerer Schlag trifft" (vgl. DHB 195, ST 608).

In die gleiche Richtung geht ihre Empfehlung an eine Freundin, die sich empörte, weil sie nicht mehr in die Natur hinaus konnte, was sie so sehr gebraucht hätte (den Juden war der Aufenthalt in Parks und öffentlichen Gärten untersagt worden): „Versuche mit den drei Bäumen vor deiner Wohnung zu leben, als wären sie ein Wald." Da schwingt weder Zynismus mit noch schwarzer Humor, auch nicht Resignation. Es ist eher eine Einladung, gegen das Böse alle Ressourcen zu aktivieren, aus den unzerstörbaren Fundamenten zu schöpfen, neue Möglichkeiten zu suchen und zu entwickeln: das genaue Gegenteil einer resignativen Haltung.

Wenn jemand bloß jammert und schmollt wegen eines Unrechts, lässt er sich davon gleich zweifach treffen: zunächst, weil das Unrecht als solches ihm zusetzt, und dann, weil er sich darauf fixiert – was alles verschlimmert. Etty versucht eine andere Strategie: die Aufmerksamkeit von dem erlittenen Schaden oder Nachteil weglenken, den Blick schulen, um lieber in drei Bäumen einen Wald zu sehen, als sich zugrunde richten zu lassen durch schändliche Gesetze, die doch genau dies bezwecken: den Menschen im Menschen zum Schweigen zu bringen! Diesen Gefallen will sie niemandem tun.

Man kann sich vorstellen, welch anspruchsvolle „Herzensbildung" nötig ist, um zu einer solchen inneren Haltung zu gelangen. Die Unsicherheit, die Entbehrungen, die Verbote, das Provisorische, die bangen Fragen ... – all das wollte sie ergreifen als je neue Gelegenheit, sich auf das Wesentliche zu konzentrieren. „Jeden Tag legst du ein wenig Mittelmäßigkeit ab", schreibt Etty. „Ich merke, wie tausend Fasern mich immer noch an alles hier binden. Ich werde sie nacheinander losreißen müssen und alles an Bord holen, damit ich beim Weggehen nichts zurücklasse, sondern alles mit mir trage" (vgl. DHB 233, ST 645).

Gewiss, wir leben in anderen Zeiten. Und doch ist das, was sie schreibt, auch heute von Bedeutung. Die Stunde, in der die Anker gelichtet werden, kommt für jeden. Jeder Tag bringt uns dem letzten näher, sagt man. Etty würde es nicht dabei belassen; sie setzt einen anderen Akzent: Jeder Tag, der vergeht, *bereitet uns vor* auf den letzten, wenn wir jetzt schon zumindest ein klein wenig Ja sagen und einwilligen:

„... jeden Tag Abschied nehmen. Der wirkliche Abschied wird dann nur noch eine kleine äußerliche Bestätigung dessen sein, was sich in mir bereits Tag für Tag vollzogen hat."

(Vgl. DHB 189, ST 605)

* * *

Zur Reflexion

Auch auf die Gefahr hin, über Ettys Gedanken hinauszugehen, könnten wir einmal bedenken, was „Adieu" im ursprünglichen Sinne besagt: A-Dieu, Hin-zu-Gott - und auf diese Weise die Hoffnung „wagen", dass jeder Tag, der vergeht, uns dem „ersten Tag" näherbringt.

Es lohnt, der Frage nachzugehen, ob und wie sich das uns geschenkte Leben in vollen Zügen genießen und dabei zugleich die Achtsamkeit wahren lässt für all die Zeichen, die uns mitten im Alltag an eine wichtige Wahrheit erinnern: Wir haben hier keine Bleibe auf ewig (vgl. Hebr 13,1).

VIII – Das Widrige verwandeln

„Für eine Erniedrigung braucht es immer zwei: einen, der erniedrigt, und einen, den man erniedrigen will - bzw. vor allem: der sich erniedrigen lässt. Fehlt das Letztere, ist also die passive Seite gegen jede Erniedrigung immun, dann lösen sich die Erniedrigungen in Luft auf. Was übrig bleibt, sind nur lästige Verordnungen, die das tägliche Leben beeinflussen, aber keine Erniedrigung oder Unterdrückung, die die Seele bedrücken. Zu dieser Einstellung müsste man die Juden erziehen.

Ich radelte heute Morgen die Stadionkade entlang, genoss den weiten Himmel über dem Stadtrand und atmete die frische, nicht rationierte Luft. Und überall Schilder, die den Juden die Wege in die freie Natur verbieten. Aber auch über dem einzigen uns verbliebenen Weg wölbt sich der ganze Himmel. Man kann uns nichts anhaben, man kann uns wirklich nichts anhaben. Man kann es uns recht ungemütlich machen, man kann uns ein wenig der materiellen Güter und der äußeren Bewegungsfreiheit berauben, aber letzten Endes berauben wir uns selbst unserer besten Kräfte durch unsere falsche Einstellung. Weil wir uns verfolgt, gedemütigt und unterdrückt fühlen. Durch unseren Hass. Durch Wichtigtuerei, hinter der sich unsere Angst verbirgt. Man darf durchaus manchmal traurig und niedergeschlagen über das uns Angetane sein, das ist menschlich und verständlich. Und dennoch: Den größten Raubbau an uns betreiben wir selbst. Ich finde das Leben schön, und ich fühle mich frei."

(Vgl. DHB 157, ST 551f)

Auf die Frage eines römischen Richters: „Weißt du, dass ich die Macht habe, dich zu töten?", soll ein Märtyrer geantwortet haben: „Aber wisst Ihr, dass ich die Macht habe, mich töten zu lassen?!" Ettys Haltung erinnert an diese schlagfertige Erwiderung. Es ist eine merkwürdige Logik, die unserem gewohnten Denken komplett zuwiderläuft. Sie irritiert. Die Freiheit bewahren, das uns zugefügte Böse anzunehmen – frei durch das, was wir selber sind? Und als ob das nicht schon mehr als genug wäre, geht Etty noch weiter, wenn sie schreibt: „... den größten Raubbau an uns betreiben wir selbst" – in Wahrheit sind wir selbst diejenigen, die uns um etwas bringen?! Ungeheuerlich, könnte man denken; doch wir müssen gut hinhören, um zu verstehen, worauf Etty hinaus will.

Während der Krieg die Schlagzeilen der Zeitungen beherrscht, gibt es einen anderen Kampf, der Sache eines jeden Einzelnen ist und der mit Ersterem durchaus in einer Verbindung steht. Um diesen Kampf zu gewinnen, braucht es die nötige Herzensbildung: Wir müssen lernen, das Negative, die Demütigungen und Anfeindungen zu „entschärfen", wie man Bomben entschärft; „die lästigen Verordnungen, die das tägliche Leben beeinflussen", sollen die Seele nicht „bedrücken". Denn worauf es ankommt, das ist letztlich die Art und Weise, „wie man das Leiden, das doch in diesem Leben eine wesentliche Rolle spielt, trägt und erträgt und bewältigt, und dass man trotz allem einen Teil seiner Seele unversehrt erhält" (vgl. DHB 198, ST 613). Was für ein Programm! Es mag Bewunderung verdienen, aber ist es möglich, das nachzuahmen? Etty ist nach einem langen, immer neuen Ringen mit sich selbst zu diesen Einsichten gelangt, die sie hier preisgibt.

Im Februar 1942 spitzte sich die Lage zu; es wurde definitiv ernst. Kein Tag verging ohne Schreckensmeldungen: Mal erfuhr Etty, dass jemand unter der Folter gestorben war, mal hörte sie, dass einer der Professoren oder ein früherer Mitschüler verschwunden oder interniert worden waren. Da lag es nahe, an Rache zu denken. Und dennoch: Als sie mit einem Freund an einem Wintermorgen mit eiskalten Händen auf die Straßenbahn wartet, sagen sie sich: „Sie sind so billig, diese Rachegefühle" (vgl. DHB 125, ST 315). Dass es ihnen gelang, den Rachegelüsten zu widerstehen, obwohl es tausend Gründe gab, war für sie, so notiert sie in ihrem Tagebuch, ein „echter Lichtblick für diesen Tag" (vgl. DHB 125, ST 316).

Ein knappes Jahr zuvor war ihr plötzlich schon ein „erlösender Gedanke" gekommen,

> „[...] der wie ein zögernder junger Grashalm auf Ödland mit lauter Unkraut emporschoss: Und sollte auch nur noch ein einziger anständiger Deutscher existieren, dann wäre dieser es wert, in Schutz genommen zu werden gegen die ganze barbarische Horde, und um dieses einen anständigen Deutschen willen dürfte man seinen Hass nicht über ein ganzes Volk ausgießen" (vgl. DHB 19f, ST 41f).

Die Palette möglicher Reaktionen auf erlittenes Unrecht ist bekannt: Aufbegehren, der Wunsch, „es dem anderen doppelt heimzuzahlen", allzu simple Schuldzuweisungen und einseitige Urteile, Ressentiments, Hass, auch Traurigkeit und tiefe Niedergeschlagenheit. Das sind die üblichen Spontanreaktionen auf alles Feindliche und Widrige. Doch Etty kommt mehr und mehr zu der Überzeugung, dass dieser Weg, „der einfachste und am meisten beschrittene", nichts bringt. Schlimmer noch: Er trägt dazu bei, dass sich das Krebsgeschwür des Bösen ausbreitet.

Für Etty gibt es nur einen Ausweg: daran zu arbeiten, die Rachegefühle im eigenen Herzen auszulöschen. Sie ist zutiefst überzeugt: „Das kleinste bisschen Hass, das man all dem vielen Hass, den es schon gibt, hinzufügt, macht diese Welt noch unwirtlicher und unbewohnbarer" (vgl. ST 598). Darum erachtet sie es als

> „[...] unsere einzige moralische Pflicht: in sich selbst weite Lichtungen der Ruhe zu schaffen, weite Flächen für immer mehr Ruhe, bis diese Ruhe auf andere ausstrahlt"; denn „je mehr Ruhe in den Menschen herrscht, desto ruhiger wird es auch in dieser aufgeregten Welt" (vgl. DHB 271, ST 678).

Lichtungen der Ruhe und des Friedens schaffen, das kann unerwartete Formen annehmen:

Eines Tages ertappt sich Etty dabei, dass ihr mehrfach herausrutscht: „Das ist eine große Scheiße!" Sie ruft sich selbst zur Raison: „Warum sollte ich das so oft sagen? Es bleibt in der Atmosphäre hängen und macht sie auch nicht besser" (vgl. DHB 224, ST 635).

Ihre Feststellung trifft ins Schwarze: So sensibel, wie wir für Umweltfragen sein sollten, so sorgsam sollten wir auf die mögliche „Klimazerstörung" durch Worte und Gedanken achten. Das Herz, die Gedanken und Lippen vor allem schützen, was einem selbst und anderen schadet und der Welt die Schönheit nimmt, das ist eine ebenso wichtige wie schwierige „Hygiene". Um sich selbst dabei zu helfen, übt sich Etty in einer speziellen Sicht auf die Wirklichkeit; denn alle „Herzensbildung" geht nicht zuletzt über *das rechte Sehen.*

Was sieht Etty? Gewiss auch die allgegenwärtigen Aushänge mit Verordnungen und die Verbotstafeln für die Juden. Aber vor allem sieht sie durch sie hindurch und über sie hinaus: Sie sieht den Himmel. Den *ganzen* Himmel, der sich *trotz allem* auch über sie ausbreitet, wie sie in dem zitierten Text herausstellt:

> „Ich radelte heute Morgen die Stadionkade entlang, genoss den weiten Himmel [...] und atmete die frische, nicht rationierte Luft. Und überall Schilder, die den Juden die Wege in die freie Natur verbieten. Aber auch über dem einzigen uns verbliebenen Weg wölbt sich der ganze Himmel."

Der Himmel wird für sie zum Symbol ihrer inneren Freiheit, eine Erinnerung an das, was unantastbar ist, und so kann sie fortfahren: „Man kann uns nichts anhaben, man kann uns wirklich nichts anhaben." Und selbst wenn man ihr alles nähme: der Himmel mit der allgegenwärtigen „frischen, nicht rationierten Luft" bliebe ihr und würde sie weiter beherbergen.

Einen Monat vor ihrer Deportation, am 8. August 1943, schrieb Etty noch:

> „In der Ferne sehe ich von meiner Pritsche aus, wie die Möwen vor einem gleichmäßig grauen Himmel ihre Kreise ziehen. Sie sind wie freie Gedanken in einem weiten Geist" (vgl. ST 810).

Am Vortag hatte sich ein Regenbogen über das Lager gespannt, in den Wasserpfützen spiegelte sich die Sonne, und Etty war glücklich (vgl. ST 806) – ein Beispiel, wie die hart erlernte, behutsam angeeignete innere Haltung sich ganz konkret niederschlug: mit den Füßen im Schlamm, doch mit dem Herzen im weiten, geöffneten Himmel. Eingespannt zwischen diesen gegensätzlichen Polen, zwischen denen sich die Wirklichkeit entfaltet, hält sie sich aufrecht. Weil sie bereit ist, nicht vor dieser Spannung zu flüchten.

In jedem Leben gibt es Enttäuschungen und allerlei Gründe, bitter zu werden. Die Realität ist oft hart, wir erleben Kränkungen und Verletzungen, Widerstand und vielleicht sogar offene Feindschaft. Wir können darauf in einer Weise reagieren, dass wir uns, wie Etty schreibt, „letzten Endes … selbst unserer besten Kräfte berauben", und zwar gerade „durch unsere falsche Einstellung". Es ist oft ein harter Kampf, den wir zu bestehen haben, doch wir können lernen, den Blick und das Herz auf den Himmel zu richten. Zumindest nach oben in den „materiellen" Himmel. Das mag wenig erscheinen und ist doch schon viel.

Gewiss, wie der Kampf ausgeht, das hängt nicht nur von uns ab. Aber wir haben die Freiheit, den noch so zerbrechlichen, vielleicht noch ganz schwachen Wunsch wachzuhalten, dass unser Herz nicht infiziert wird von all dem, was es bedrängt und angreift.

Zur Reflexion

Ettys Erfahrung ist eine Einladung, den Frieden des Herzens zu finden - mitten in dem vielstimmigen Konzert von Gefühlen, Worten und Begegnungen, selbst bei Ereignissen, die uns den Frieden nehmen könnten.

Heißt Beten nicht auch, im inneren Gespräch mit Gott immer mehr dahin zu kommen, dass er über mich verfügen kann, gerade in Zeiten und Situationen, wo dieser Friede am meisten bedroht ist?

Wage ich, ihm zu sagen, was mich bedrängt, was mir den Frieden nimmt?

IX – Ich will dir helfen, Gott

„Ich will dir helfen, Gott, dass du nicht in mir zugrunde gehst, aber im Vorhinein kann ich für nichts garantieren. Eines aber wird mir immer klarer: dass du uns nicht helfen kannst, sondern dass wir dir helfen müssen, und dadurch helfen wir uns selbst. Es ist das Einzige, was wir in dieser Zeit bewahren können, und auch das Einzige, worauf es ankommt: ein kleines Stück von dir in uns selbst [zu retten], Gott. Und vielleicht können wir mithelfen, dich in den gequälten Herzen anderer auferstehen zu lassen.

Ja, mein Gott, an den Umständen scheinst auch du nicht viel ändern zu können, sie gehören nun mal zu diesem Leben. Ich fordere keine Rechenschaft von dir, du wirst uns später zur Rechenschaft ziehen. Und fast mit jedem Herzschlag wird mir klarer, dass du uns nicht helfen kannst, sondern dass wir dir helfen müssen und deinen Wohnsitz in unserem Inneren bis zum Ende verteidigen müssen.

Es gibt Menschen, ja es gibt sie tatsächlich, die im letzten Augenblick ihre Staubsauger und ihr Silberbesteck in Sicherheit bringen, statt dich zu bewahren, mein Gott. Und es gibt Menschen, die nur ihren Körper in Sicherheit bringen wollen, der doch nur noch eine Behausung für tausend Ängste und Verbitterung ist. Und sie sagen: Mich sollen sie nicht in ihre Klauen bekommen! Sie vergessen, dass man in niemandes Klauen ist, wenn man in deinen Armen ist.
Allmählich werde ich schon wieder ruhiger, mein Gott, durch dieses Gespräch mit dir. Ich werde in naher Zukunft noch sehr viele Gespräche mit dir führen und dich auf diese Weise hindern, mich zu verlassen. Du wirst wohl auch karge Zeiten in mir erleben, mein Gott, in denen du nicht so stark durch meinen Glauben genährt wirst, aber glaube mir, ich werde mich weiter für dich einsetzen und dir treu bleiben und dich nicht aus meinem Revier verjagen."

(Vgl. DHB 208f, ST 620f)

Ende Juni 1942 gab die polnische Exilregierung in London über den Rundfunk bekannt, dass 700.000 Juden in Polen und in anderen besetzten Gebieten ermordet worden seien. Etty notiert diese Mitteilung am 29. Juni in ihrem Tagebuch. Die Deportation der niederländischen und anderer europäischer Juden ist ganz offenkundig beschlossene Sache; es besteht kein Zweifel mehr. Vier Tage darauf, am 3. Juli, erfasst Etty die Nachricht in ihrer ganzen Tragweite:

> „Es geht um unseren Untergang und unsere Vernichtung, da sollte man sich keinerlei Illusionen mehr machen. Man ist auf unsere völlige Vernichtung aus" (vgl. DHB 170, ST 584).

Die immer neuen antijüdischen Verordnungen sind bedrückend. Am 29. April wird das Tragen des gelben Judensterns Pflicht. Seit Mai/Juni 1942 muss sich Etty an festgesetzte Sperrstunden halten, sie kann nicht mehr telefonieren und ist gezwungen, Obst und Gemüse in gesonderten Läden „nur für Juden" zu kaufen. Nach Razzien und Massenverhaftungen kommen Tausende Juden ins Durchgangslager Westerbork. Am 11. Juli 1942 notiert sie einige Gerüchte, die in Umlauf sind, so auch, dass in Deutschland Juden lebendig begraben und vergast werden.

„Wo ist nun dein Gott?“ (Psalm 42,11), fragen Zeitgenossen voller Häme angesichts des Schweigens Gottes, der abwesend scheint. Es ist die bohrende Frage, die die Schoah an unseren Glauben wie an unsere Kultur richtet; es ist die Frage, die sich bei jeder Tragödie immer wieder in aller Schärfe stellt.

Auch Etty stellt sich diese Frage. Und sie stellt sie uns. Klug, ja messerscharf sind ihre Überlegungen. Zunächst wehrt sie allzu simple Anklagen Gottes ab:

> „Gott ist uns keine Rechenschaft schuldig für die vielen Sinnlosigkeiten, die wir anrichten. Wir sind Rechenschaft schuldig!“
>
> (Vgl. DHB 166, ST 578)

> „Ich bin bereit, in jeder Situation […] zu bezeugen, […] dass es nicht Gottes Schuld ist, dass es jetzt so ist, wie es ist, sondern unsere.“
>
> (vgl. DHB 196, ST 610)

Die schrecklichen Gräuel klagen nicht Gott an, sondern stellen den Menschen infrage. Dass die Hölle eine Erfindung der Menschen ist, das erscheint Etty vollkommen klar (vgl. DHB 287, ST 692). Doch sie bleibt nicht dabei stehen. Ihr Nachdenken bringt sie einen Schritt weiter in ihrer fortschreitenden Entdeckung

Gottes: von einem Gott, der tief in ihr ist wie in einem „ganz tiefen Brunnen“ und den sie durch „Steine und Schutt“, die manchmal darauf liegen, hindurch gefunden hat (vgl. DHB 65, ST 132), hin zur Erkenntnis, dass Gott offenbar jemand ist, der an den schrecklichen Umständen auch nicht viel ändern kann. Etty verbleibt in der Präsenz dieses Gottes, der sich in der Tragödie ihres Volkes eher ohnmächtig denn abwesend zeigt.

Wenn der Mensch auf die Götter, die er sich unablässig selber macht, verzichtet: auf den „Gott“, den er „braucht“, auf den „Alibi-Gott“, der da sein muss, wenn er selbst ängstlich oder feige ist, auf den „Lückenbüßergott“ ... – wenn er auf all diese Götter verzichtet, was bleibt dem Menschen dann? Etty beginnt es zu erahnen: ein geheimnisvolles Feuer, das zu erlöschen droht, wenn der Mensch es nicht durch sein Vertrauen nährt. Sie will Gott helfen, dass er in ihr nicht erlischt. In ihrem Herzen tanzt eine kleine, flackernde Flamme – und das ist etwas ungemein Großes, das sie selbst übersteigt. Sie gelangt zu einer ganz neuen Vorstellung der Beziehung zu Gott: Gott ist nicht einer, zu dem man eilt, um Hilfe zu erbetteln, sondern jemand, dem wir helfen können:

> „[…] fast mit jedem Herzschlag wird mir klarer, dass du uns nicht helfen kannst, sondern dass wir dir helfen müssen und deinen Wohnsitz in unserem Inneren bis zum Ende verteidigen müssen“ (a.a.O.).

Eine ungeheure Entdeckung. In ihren Aufzeichnungen wird das zu einem Leitmotiv:

> „Und wenn Gott *mir* nicht weiterhilft,
> dann muss ich eben Gott helfen!“
>
> (Vgl. DHB 200, ST 615)

Fünf Tage vor ihrer Deportation nach Auschwitz vertraut Etty einer Freundin namens Maria an:

> „Man ist ein Gezeichneter geworden durch das Leid, für ein ganzes Leben. Und dennoch ist dieses Leben in seiner nicht zu erfassenden Tiefe so wunderbar gut, Maria, darauf komme ich immer wieder zurück. Und wenn wir nur Sorge dafür tragen, dass trotz allem Gott bei uns in guten Händen ist, Maria“ (vgl. ST 839).

Und wenn wir „nur dafür Sorge tragen“ und sonst nichts tun können, so ist es gerade dieses vermeintlich „Wenige“, das Etty mit allergrößter Sorgfalt hütet. Wenn sie dasteht, „in einer Ecke des Lagers“, die Füße auf der Erde und das Gesicht „zum Himmel erhoben", ist sie zutiefst gerührt. Und sie bekennt:

> „Wenn ich in meinem Bett liege und in dir ruhe, mein Gott, laufen mir manchmal die Dankbarkeitstränen über das Gesicht, und das ist dann mein Gebet" (vgl. ST 817).

„Das ist dann mein Gebet", sagt sie schlicht und einfach. Ihr Gebet, das ist jener heilige Punkt der Begegnung zwischen ihr und Gott – in ihrer beider Verwundbarkeit, die sie einander schenken. Denn auch Gott ist verwundbar, es macht ihn leiden, dass seine Geschöpfe, von einer Welle der Gewalt erfasst, sich gegen ihresgleichen erheben. Weil er in seiner Liebe niemandem gewaltsam sein Gesetz aufzwingt, setzt er sich dem Risiko aus, abgewiesen zu werden: Das ist Gottes Leiden, so ganz anders als unser Leiden unter der Erfahrung, dass es uns Menschen nicht gelingt zu lieben. Gottes Leiden ist zuinnerst mit seiner Liebe verbunden, einer Liebe, die den anderen – uns Menschen – unentwegt in die Freiheit entlässt.

Es kann geschehen, dass wir in einer Weise und zu einem Zeitpunkt, die uns selbst überraschen, zu „Verbündeten" dieses göttlichen Leidens werden: Wir leiden sein Leiden mit. Etty hat genau das erlebt. Und dann merkt sie, dass derjenige, dem sie angeboten hatte, bei ihr „in guten Händen" zu sein, jetzt für sie zu ihrem bedingungslosen Halt wird: Man ist „in niemandes Klauen, wenn man in deinen Armen ist". Gottes Arme, Gottes Hände bewahren nicht vor dem physischen Tod, wohl aber vor etwas anderem, das in gewisser Weise noch weit gefährlicher ist: vor dem Tod Gottes in der Seele. Das „das Einzige, worauf es ankommt: ein kleines Stück von dir in uns selbst zu retten, Gott".

Wir stehen hier vor einem gewaltigen Wandel im Gottesbild: von einem alles vermögenden Gott, den wir um alles Mögliche bitten, hin zu jenem Gott, der schutzlos und verwundbar ist und uns bittet. Etty hört und erhört Gottes Gebet. Es zieht sie dahin, wo Menschen in Not und einsam sind; sie geht auf sie zu, um Gott in den Bedrängten und Leidenden „zutage zu fördern" (ST 620), ihn in ihnen „auferstehen zu lassen"[6]. Für Etty ist das nicht eine bloße Entscheidung für mehr Mitmenschlichkeit und aktives Engagement (das ist sowieso an seine Grenzen angelangt); es ergibt sich wie von selbst aus dem, wovon ihr Herz überfließt. Es ist die Gegenseitigkeit einer großen Liebe.

6 Nach DHB 208.

> „Ich mache mir nichts vor, was unsere Lage angeht; sogar den Anspruch, anderen helfen zu wollen, gebe ich auf. Ich werde immer versuchen, Gott so zu helfen, wie es möglich ist, und wenn mir das gelingt, nun, dann werde ich auch für andere da sein. Aber man sollte sich darüber keine heroischen Illusionen machen" (vgl. DHB 202, ST 616).

Gott helfen, wie es möglich ist, damit er nicht in uns „erlischt" ... Etty vermittelt uns hier ein großes Geheimnis. Die Erkenntnis der „Ohnmacht Gottes" ist etwas ganz anderes als die Behauptung seiner Nichtexistenz: Wo der Atheismus Grund sieht, diesen „unnützen" Gott fallen zu lassen, da findet Etty eine unerhörte Stärke.

* * *

Zur Reflexion

Am Ortseingang eines französischen Dorfes steht an einer Wegkreuzung ein altes Kruzifix. Der Korpus hat keine Arme, die Füße sind abgebrochen. Eine leicht verblichene Inschrift lautet:

„Gott hat keine anderen Arme
als die deinen …"

Wenn der Gott, den ich bitte, in Wahrheit der Gott wäre, der mich bittet, ihm zu helfen, dass er nicht erlischt, dass er nicht stirbt in mir und um mich herum?

X – Jeder Tag hat genug eigene Plage

„Sonntagmorgengebet. Es sind schlimme Zeiten, mein Gott. Heute Nacht geschah es zum ersten Mal, dass ich mit brennenden Augen schlaflos im Dunkeln lag; viele Bilder menschlichen Leidens zogen an mir vorbei. Eines werde ich dir versprechen, Gott, nur eine Kleinigkeit: Ich werde meine Sorgen um die Zukunft nicht als beschwerende Gewichte an den jeweiligen Tag hängen; aber dazu braucht man eine gewisse Übung. Jetzt ist jeder Tag für sich schon schwer genug.“

(Vgl. DHB 208, ST 620)

„Ein unvergesslicher Freund, dessen friedliches Ende mich jeden Tag dankbar sein lässt, hat mich noch rechtzeitig diese große Lektion aus Matthäus 24 [es müsste heißen: 6,34] gelehrt: ‚Sorgt euch nicht um morgen; denn der morgige Tag wird für sich selbst sorgen. Jeder Tag hat genug eigene Plage.' Das ist die einzige Haltung, in der du das Leben hier ertragen kannst. Und so lege ich jeden Abend mit einer gewissen inneren Ruhe meine vielen irdischen Sorgen Gott zu Füßen. Oft sind es reichlich triviale Sorgen, zum Beispiel wenn ich mich frage, wie ich das mit der Wäsche der ganzen Familie schaffen soll usw. Die großen Sorgen sind gar keine Sorgen mehr - sie sind bereits zu einem *Schicksal* geworden, mit dem man mit der Zeit verwächst."

(Vgl. ST 805f, Brief vom 31. Juli 1943)

Das erste Zitat stammt - wie der eingangs des vorigen Kapitels zitierte Ausschnitt - aus dem langen „Sonntagmorgengebet" vom 12. Juli 1942. Dieser Text verdiente es, einmal ganz und in seinem Zusammenhang gelesen zu werden (vgl. DHB 208-210, ST 620-622). Vergegenwärtigen wir uns hier kurz den Kontext, in dem er entstand, um den Kern besser zu erfassen. Der Juli 1942 war in vieler Hinsicht ein entscheidender Monat, sowohl in Ettys persönlicher wie in der politischen Entwicklung. Sie hatte auf ihre Weise versucht, sich auf die bevorstehende „Schreckenszeit" vorzubereiten. Doch kann man sich wirklich auf das Schlimmste vorbereiten? Und wenn ja, wie?

Sehr bald hatte Etty geahnt, dass ihr Widerstand von spezieller Art sein würde; es gilt, für die „Menschenliebe" zu kämpfen, und zwar „nicht in der Politik oder in einer Partei, sondern in mir selbst" (vgl. DHB 90, ST 201). Jetzt ist es diese „existenzielle Widerständigkeit", die ihr Halt und Kraft gibt, nicht vor dem wohl vorausgeahnten Schicksal zu fliehen. Doch es ist schwer für sie, sich ihrer Umgebung verständlich zu machen. Angesichts der dramatischen Entwicklung drängt ihr Bruder Jaap sie, sich zu ihrem Schutz um einen Job im Judenrat zu bewerben, was ihr vorläufig die „Zwangsarbeit" erspart hätte. Etty widerstrebt ein solcher Schritt; diese höchst zwiespältige Einrichtung dient in ihren Augen nur als Deckmantel. Dennoch kommt sie am 14. Juli Jaaps Bitte nach, widerwillig und nicht ohne Schuldgefühle.

In der völligen Verunsicherung, wie es weitergehen würde, entsteht das „Gebet am Sonntagmorgen". Sie spricht von einer furchtbaren, angsterfüllten Nacht, in der „viele Bilder menschlichen Leidens" an ihr vorbeizogen. Nichts ist schlimmer als die Angst, die einen überkommt, wenn in schlaflosen Nächten ein infernalischer Film vor dem geistigen Auge abläuft ... Angefochten, aber nicht besiegt steht Etty nach dem ungleichen Kampf mit der Dunkelheit auf - mit einem „kleinen" Versprechen auf den Lippen: „Eines werde ich dir versprechen, Gott, nur eine Kleinigkeit: Ich werde meine Sorgen um die Zukunft nicht als beschwerende Gewichte an den jeweiligen Tag hängen; aber dazu braucht man eine gewisse Übung."

Das ist alles andere als „eine Kleinigkeit": In ihren Worten liegt eine Kraft, die nicht aus ihr selbst zu kommen scheint. Sie will darauf achten, dass die Sorgen nicht wie eine Last an dem jeweiligen Tag hängen, sondern sich von den Gewichten lösen, die den „Ballon des Lebens" am Aufsteigen hindern ... In ihrer bilderreichen Sprache bringt sie einen weiteren Vergleich:

> „Man muss sie täglich bekämpfen wie Flöhe, die vielen kleinen Sorgen um die kommenden Tage, die an den besten schöpferischen Kräften des Menschen nagen" (vgl. DHB 270, ST 678).

Haben wir schon einmal bemerkt, wie verheerend sich Sorgen und die Ungewissheit in unserem Innern auswirken können? Viele, die meinten, genügend Klarheit und Licht für ein ganzes Leben zu haben, sind alsbald eines Besseren belehrt worden: Eine Winzigkeit kann genügen, um einen tief zu verunsichern und einem die Hoffnung zu nehmen; alles scheint wegzubrechen. Was anfangs so klein und unwichtig schien, nimmt plötzlich allen Raum in einem Menschen ein …

Etty weiß aus eigener Erfahrung, wohin das führen kann und wie schädlich die innere Unruhe für das geistliche Leben ist. Was wird aus einem Herzen, das voll ist von Sorgen? Ist es nicht der Ort, wo Gott wohnt? Will er nicht im Inneren eines jeden Menschen Wohnung nehmen? Etty rät, sich „nicht von den vielen kleinen Ängsten und Sorgen anstecken zu lassen", die allesamt „ein Misstrauensvotum gegen Gott" seien (vgl. DHB 270, ST 678).

Leichter gesagt, als getan.

Grund zur Sorge hatte Etty wahrlich genug. Das Essen war rationiert, die Gesundheit machte ihr zu schaffen, es gab Scherereien mit den Behörden … Und abgesehen von den Sorgen, die „ihre Person" betrafen, gab es noch beängstigendere, „die sie *persönlich* betrafen": die Sorgen um dasjenige und um diejenigen, die ihr das Teuerste und Liebste waren. Die Unruhe, die deine Nächsten einem verursachen, nage mehr als alles andere an einem, stellt sie fest.[7]

7 So schreibt sie am 5. Juli 1943 in einem Brief, dass sie für sich akzeptiert habe, nach Polen zu gehen, „aber dieses Leben in Angst und Schrecken um seine Nächsten […] lässt sich auf Dauer nicht ertragen" (ST 789f, Anm. des Übers.).

Große Sorgen bereitet ihr nicht zuletzt Spiers kritischer Gesundheitszustand. Sie bittet Gott, er möge sie „nicht abreisen lassen", solange er noch krank ist. Ausgerechnet er, dessen schier unerschütterliche Kraft sie so bewundert, ja fast beneidet hat, ist jetzt so geschwächt …

Etty hatte ihn am 31. Dezember 1941 beim Besuch eines Lungenspezialisten begleitet; er war krank. Dass die Krankheit so rapide voranschreiten würde, war nicht vorherzusehen. Ja, sie hatte wahrlich Grund genug, sich um ihn zu sorgen, doch wollte sie sich nicht davon gefangen nehmen lassen: „Man muss sogar die Sorgen um die anderen, die man liebt, fallen lassen" (vgl. DHB 191, ST 606).

Sosehr ihr das theoretisch klar ist: auch der stärkste Wille ist kaum zu einer solchen Losgelöstheit fähig. Wer könnte einen geliebten Menschen so vertrauensvoll loslassen? Aber es kann einem geschenkt werden.

Ein Jahr, bevor der Tod Spier dahinraffte, erinnert sich Etty an „die große Lektion", die er ihr beigebracht, mehr noch: die umzusetzen er ihr einfühlsam geholfen hat: „Sorgt euch nicht um morgen … Jeder Tag hat genug eigene Plage." – Dass Etty dieses Wort bald darauf im Blick auf Spier helfen könnte, war damals nicht vorherzusehen. Jetzt aber fand sie darin die Kraft, die sie brauchte.

Manchmal erleben wir, wie die Offenheit für das, was uns jeweils zugespielt wird, uns im richtigen Moment eine Ruhe finden lässt, zu der wir von uns aus nie gefunden hätten.

* * *

Zur Reflexion

Jeden Morgen beim Aufstehen oder am Abend beim Zu-Bett-Gehen, vielleicht auch zwischendurch am Tag, sind wir eingeladen, unsere Ängste, die kleinen und großen Sorgen „Gott zu Füßen zu legen", wie Etty es nennt. Im Übrigen ist ja nicht gesagt, dass immer das Schlimmste eintrifft ... Es wird sich schon alles im rechten Rhythmus fügen und in einem tiefen Sinn in Ordnung kommen: in „die Ordnung des Vertrauens".

> „Sorgt euch nicht um morgen ...
> Jeder Tag hat genug eigene Plage."
>
> (Matthäus 6,34)

XI – Ich finde das Leben so schön

„Und nun liegt da nur noch eine sterbliche Hülle auf dem vertrauten Bett. [...] Wird jetzt von mir erwartet, dass ich ein trauriges oder ein feierliches Gesicht aufsetze? Ich bin ja nicht traurig. Ich möchte meine Hände falten und sagen: Kinder, ich bin so glücklich und dankbar, und ich finde das Leben so schön und sinnreich. Jawohl, schön und sinnreich, obschon ich hier am Bett meines toten Freundes stehe, der viel zu jung gestorben ist, und obschon ich jeden Moment in eine unbekannte Gegend deportiert werden kann. Mein Gott, ich bin dir so dankbar für alles."

(Vgl. DHB 245, ST 656f)

„Immer wieder steigt es wie eine kleine wärmende Welle in mir auf, immer und immer wieder, auch nach den schwersten Augenblicken: Wie schön das Leben doch ist! Es ist ein unerklärliches Gefühl. Es findet auch keinerlei Stütze in der Realität, in der wir jetzt leben. Aber gibt es nicht auch andere Realitäten außer denen, die in der Zeitung stehen und die man in den gedankenlosen, erregten Gesprächen aufgeschreckter Menschen findet? Es gibt auch die Realität dieses kleinen rosaroten Alpenveilchens und des großen Horizonts, die man auch im Lärm und Wirrwarr dieser Zeit immer wieder entdecken kann."

(Vgl. DHB 263f, ST 673)

Ich finde das Leben so schön ..." – Ist das etwa der Refrain eines mit gezwungenem Lächeln gesungenen Mut-mach-Liedes? Eine Beschwörungsformel? Ein Slogan, den sie sich einhämmert, um selbst daran zu glauben? Oder eine Art „positives Denken", mit dem sie sich das Leben schöner redet, als es in Wahrheit ist? Nein, nichts von all dem. Und wenn man von einem Refrain sprechen möchte, der Etty lieb und teuer geworden ist, dann gilt es sehr genau hinzuhören, um zu verstehen, was er besagt!

Der Mensch, den Etty voller Zärtlichkeit als ihren „lieben, großen und guten Freund" bezeichnet, ist nicht mehr … Ihr war das Privileg zuteil geworden, im Leben dieses „großen Entschlüsselers", dieses „großen Gottsuchers und -finders" lesen zu können – bis zur letzten Seite. Der Verlust des Menschen, der ihr so viel bedeutete, hätte sie vor Kummer vergehen lassen können. Aber nein, sie verspürt im Gegenteil einen erstaunlichen Frieden und Dankbarkeit. Ihr Bekenntnis verblüfft, aber sie kann nicht umhin, zu sagen, was sie empfindet: „Ich finde das Leben so schön und sinnreich. Jawohl, schön und sinnreich …" Dieses Credo ist nicht Ausdruck einer intellektuellen Gewissheit. Es ist ein tiefes Empfinden, das mit der Zeit stärker und fester geworden ist. So stark, dass sie selbst in der Stunde, da sie von ihrem Freund Abschied nehmen muss, spürt: Das Leben ist von einer unzerstörbaren Schönheit.

Und doch, die äußeren Gegebenheiten sind, wie sie sind. Was passiert, ist schrecklich und scheint Etty zu widerlegen. Ist sie blind für die Realität, wenn sie schreibt, das Leben sei schön!? Lebt sie in Illusionen? Oder verbirgt sich hinter ihren Worten ein Geheimnis, dem nachzugehen sich lohnt? Ein erster Hinweis, der zu einer Antwort führen kann, ist eine ebenso verstörende wie wunderbare Zeile in ihrem Tagebuch: „Wir kamen an Flieder und kleinen Rosen und deutschen Soldaten auf dem

Wachposten vorbei" (vgl. DHB 139, ST 478). Etty betrachtet die Wirklichkeit im „Panoramablick", in ihren vielen unterschiedlichen Facetten. Nichts schließt sie aus, nichts verabsolutiert sie. Und in dem Kontext von Blüten und Blumenduft bekommt auch das Wort „Wachposten" einen anderen Klang. Es schreckt auf, ja. Aber die Wachposten sind eben nicht alles.

An einer anderen Stelle wird sie schreiben, dass „ein Gedicht von Rilke genauso wirklich" sei „wie der Fall eines jungen Mannes aus dem Flugzeug". Um sie nicht falsch zu verstehen: Das ist keine Geringschätzung menschlichen Lebens, sondern die Einladung, sich die hellen Seiten der Wirklichkeit nicht durch das Tragische und Düstere verstellen zu lassen – und umgekehrt. Das Leben ist ein großes Ganzes mit vielen Seiten. Etty schreibt:

> „Trotz allem ist das Leben schön und auch sinnreich, selbst noch in seiner Sinnlosigkeit, wenn man nur allen Dingen einen Platz im Leben einräumt und das ganze Leben als eine Einheit in sich trägt, sodass es in gewisser Weise ein geschlossenes Ganzes wird. Und sobald man Teile davon beseitigen und nicht akzeptieren will, sobald man eigenmächtig und willkürlich das eine vom Leben akzeptiert

und das andere nicht, wird es in der Tat sinnlos, weil es keine Einheit mehr bildet und alles willkürlich wird“ (vgl. DHB 177, ST 591).

Täuschen wir uns nicht: Etty geht es keineswegs darum, die Wirklichkeit schönzureden oder ihre Härte zu leugnen, um sich selbst zu schützen. Was passiert, geht sie an, trifft sie, tut ihr weh; ihre Aufzeichnungen sind durchzogen von Berichten über Ausschreitungen, Verbote und Demütigungen, die sie selbst miterlebt hat oder die ihr zugetragen worden sind. Sie hat unter vielem, auch Alltäglichem gelitten. Zum Beispiel, dass sie in keine Straßenbahn steigen durfte oder an einem strahlenden Sonnentag nicht auf der Terrasse eines Cafés neben einem Freund Platz nehmen konnte … Etty musste vieles einstecken und verkraften; sie konnte ein Lied davon singen, was es heißt, müde, verängstigt, niedergeschlagen oder krank zu sein.

Aber gerade diese tiefen menschlichen Empfindungen sind der Ort, wo sich ihr mehr und mehr eine „Spur der Ewigkeit“ zu erkennen gibt; Zeit und Raum werden überwunden, sie fühlt sich solidarisch mit dem Schicksal so vieler Menschen zu allen Zeiten und an allen Orten. Ob sie Kälte oder Hitze verspürt: Sie weiß, dass andere das Gleiche verspüren. Sie steht an ihrem Platz, aber der gehört zu dem großen Strom des Lebens. Sie flüchtet sich nicht einfach in den Augenblick, sondern versucht im Hier und Jetzt, auch im schwierigsten Alltag, einen möglichen Sinn aufzuspüren - mit einem Blick, der die Menschen anders und neu sieht, in einer Dimension, die sie selbst übersteigt. Wir rühren hier an den Kern „religiöser" Erfahrung.

Wie schön das Leben doch ist!, dieser leitmotivische Ausruf gewinnt dadurch sein besonderes Gewicht. Es ist ein untergründiges Wissen, das immer stärker wird, eine Art unüberhörbares Flüstern – man denkt an Galilei, der auf Knien dem Heliozentrismus abschwören musste, um dann, sich erhebend, zu murmeln: „Und sie (die Erde) bewegt sich doch!" Trotz allem: Das Leben ist schön! Das ist Ettys Bekenntnis in einer Situation, in der sie aufs Ärgste bedrängt wird. Sie besteht darauf, hält daran fest - trotz allem, und sie wiederholt es gebetsmühlenartig: Doch, das Leben ist schön! Dieses Wort steht über ihrem Leben.

Kaum vier Wochen vor ihrer Deportation, als ihr Domizil „eine Eisenpritsche in einem von Stacheldraht umzäunten Land" ist (vgl. DHB 305, ST 812), verspürt Etty das Bedürfnis, noch einmal auf dieses Thema einzugehen. Hin und wieder hat man ihr gesagt, sie sehe immer nur die positiven Seiten und stelle bei allem nur das Beste heraus. Doch das liegt ihr fern; sie sträubt sich gegen dieses tiefe Missverständnis:

> „Ich habe nie das Gefühl, dass ich aus irgendetwas das Beste machen müsse, alles *ist* immer gut, so wie es ist. Jede Situation, so elend sie auch sein mag, ist etwas Absolutes und birgt in sich das Gute und das Schlechte."
>
> (Vgl. DHB 308, ST 814, Brief vom 11. August 1943)

In Ettys Notizen wimmelt es geradezu von Blumen: von Tulpen, Sonnenblumen, Krokussen, Orchideen, Narzissen … Der Schweizer Lyriker Philippe Jaccottet schrieb einmal, die höchste Kunst des Schriftstellers bestehe nicht darin, das Trübe zu vergessen oder wegzuwischen, indem er sich den Blumen zuwendet, sondern darin, selbst dem Schlimmsten noch einen wohlriechenden Duft zu entlocken. Etty hätte das sofort unterschrieben. Aber sie sagt noch mehr. Wenn sie in ihrem Tagebuch Anemonen, Rosen, Geranien, Lilien, Alpenveilchen und andere Blumen „blühen lässt", dann ist das eine Einladung, die Sinne zu schärfen: Seht, eine solche Fülle an Schönheit und Güte schenkt uns das Leben! Wie könnten wir es nicht bejahen?! Es gibt sehr wohl Hässliches, ja Ekelerregendes und Böses, aber das alles kann –

wenn wir ihm nicht die Macht dazu geben - nicht verhindern, dass uns das Schöne immer wieder aufleben lässt!

Am 22. Juli 1942 hat Etty, obwohl es regnete, obwohl sie Blasen an den Füßen hatte und obwohl es ein schwerer Tag gewesen war, einen Blumenverkäufer gefunden, der mit einem Karren unterwegs war. Sie kaufte einen großen Strauß Rosen. „Viele sagen mir: Wie kannst du noch von Blumen träumen?", notiert sie tags darauf (vgl. DHB 223, ST 634). Sie aber weiß: „Sie sind ebenso real wie all das Elend", das sie tagtäglich erlebt (ebd.). Sie weiß um beides, wie sie einfach und tief zugleich sagt - und damit gibt sie jenseits der Worte einen Einblick in ihr Herz, in ihr freies, *trotz allem* immer wieder erneuertes Ja, in ihren Glauben an das Leben:

> „Ich bin schon tausend Tode in tausend Konzentrationslagern gestorben [...]. Auf die eine oder andere Art ist mir das alles bewusst. Und dennoch finde ich das Leben schön und sinnreich. Jede einzelne Minute."
>
> (Vgl. DHB 166, ST 578)

* * *

Zur Reflexion

Etty bekennt im Gespräch mit Gott, „dass es gut und schön ist, in deiner Welt zu leben, trotz allem, was wir Menschen einander antun" (vgl. DHB 240, ST 653). Der Schrei des Herzens und der Lobpreis Gottes fallen hier ineins.

Können wir unseren Blick so lenken, dass wir das Schöne und das Gute entdecken, auch wenn die Umstände eine ganz andere Sprache sprechen?

Etty kaufte bei einem Blumenhändler einen Rosenstrauß, der sie – trotz allem – an das Schöne und Gute erinnerte. Könnte ich hin und wieder vergleichbare kleine Zeichen setzen?

XII – Geschehen lassen

„Ich möchte so gern gesund sein. Derzeit grüble ich zu viel über meine Gesundheit, und das ist natürlich nicht gut. Lass in mir dieselbe große Unbewegtheit sein, die heute früh in deinem grauen Morgen war. Lass meinen Tag nicht nur aus Sorgen um den Körper bestehen.

Das ist immer mein letztes Heilmittel: aus dem Bett zu springen und in einer stillen Zimmerecke niederzuknien.

Ich will dich auch nicht zwingen, mein Gott, mich in zwei Tagen gesund zu machen. Ich weiß, dass alles langsam wachsen muss, dass es ein langwieriger Prozess ist. Es ist jetzt kurz vor 7 Uhr. Ich werde mich von Kopf bis Fuß mit kaltem Wasser waschen und mich dann wieder still ins Bett legen, totenstill. Ich werde nicht mehr in dieses Heft schreiben, sondern

versuchen, nur still zu liegen und ein Gebet zu sein. So oft schon habe ich mich ein paar Tage lang derart elend gefühlt, dass ich meinte, mich wochenlang nicht erholen zu können, und dann war nach ein paar Tagen alles wieder weg. Aber momentan verhalte ich mich nicht richtig, ich will etwas erzwingen. Wenn es irgendwie möglich ist, möchte ich doch am Mittwoch gerne [zurück nach Westerbork] fahren. Ich weiß wohl: So wie es mir jetzt geht, hat die Gemeinschaft nicht viel von mir; am Mittwoch möchte ich gern wieder einigermaßen gesund sein. […] Ich darf die Dinge nicht wollen, ich muss sie in mir geschehen lassen. Doch genau das tue ich im Moment nicht.
Nicht *mein*, sondern dein Wille geschehe."

(Vgl. DHB 281f, ST 686f)

Als Etty diese Zeilen schreibt, hat sie schon zwei kurze Arbeitsaufenthalte im Durchgangslager Westerbork hinter sich. Sie hat keine Ruhe, bis sie wieder an diesem ungeschützten Ort ist, um „inmitten der von verfolgten und gehetzten Menschen bewohnten Baracken" zu sein. Doch ihr Gesundheitszustand lässt es nicht zu. Und sie ist beunruhigt; sie fühlt sich nicht gut. So sehr wünscht sie sich, ihr Tag möge aus mehr bestehen als bloß aus

Sorgen um ihren Körper. Das ist mehr als ein frommer Wunsch, es ist ein Gebet.

Ihr Leben lang musste Etty versuchen, mit den Kapriolen ihres Körpers zurande zu kommen. Ihr Tagebuch ist voll von entsprechenden Bemerkungen. Der Organismus meldet sich auf alle mögliche Weise zu Wort; sie hat Bauchweh, Magenverstimmungen, Phasen großer Müdigkeit; sie leidet unter Übelkeit, Schwindel und Kopfschmerzen, die ihr förmlich „den Schädel spalten", sie hat Ekzeme, rheumatische Schmerzen, Probleme mit der Blase. Linderung erhofft sie sich von „künstlichen Hilfsmitteln", wie sie es nennt. Manche Passagen erinnern an eine Arzneimittelliste; Etty merkt mit der Zeit selbst, dass sie zurückhaltender im Umgang mit Medikamenten sein sollte. Und selbst wenn diese eine gewisse Linderung bewirken, so muss man doch herausfinden, wie man durch solche üblen Zeiten durchkommt.

Es ist nicht zuletzt ihr Zyklus, der ihr zu schaffen macht und ihr Befinden nachhaltig bestimmt:

> „Interessant, der Zusammenhang zwischen gewissen Stimmungen und der Menstruation ... Diese Wechselwirkung zwischen Körper und Seele ist mysteriös" (vgl. DHB 91, ST 202f).

> „Wenn ich meine Stimmungen am gestrigen Abend beschreiben will, dann müsste ich zuerst ganz ehrlich und sachlich sagen: Es war am Tag vor meiner Menstruation, und dann bin ich nur halb zurechnungsfähig. [...] Dann ist alles in mir in Aufruhr und Bewegung. Mich überkommen eine Zerstreutheit und eine Unkonzentriertheit, manchmal auch eine Verwegenheit, die keine andere Ursache haben als diesen monatlichen, bei mir leider dreiwöchentlichen Vorgang südlich des Zwerchfells" (vgl. DHB 155f, ST 552).

Dass ihr spiritueller Weg sie dazu führt, ihre körperliche Befindlichkeit und ihre Sexualität bewusster wahrzunehmen und anzuerkennen, das ehrt Etty, und es ist etwas so Seltenes, dass es ausdrücklich erwähnt zu werden verdient.

Etty beobachtet, wie sehr sich ihr physisches Unwohlsein auf ihr ganzes Wesen auswirkt. Alle verfügbaren Energien sind nötig, um mit den Beschwerden oder Schmerzen fertig zu werden.

Wie sehr würden wir uns wünschen, von den gesundheitlichen Schwankungen, von diesem körperlichen Auf und Ab unabhängiger zu sein, das so viele Kräfte verschlingt und unsere Launen bestimmt. Doch da ist oft nichts zu machen, wie Etty zur Genüge erfahren hat. Ihr Beispiel zeigt, dass sich das innere Leben nicht abseits und unabhängig vom „organischen" Leben abspielt. Das eine wirkt sich oft subtil auf das andere aus. Manchmal wird man mit Etty sagen können: „Es ist nicht dein Körper, sondern deine schlecht behandelte Seele, die verrückt spielt!" Der Körper ist auch eine Art Sammelbecken: Er fängt auf, er spiegelt wider, er „behält", auch in dem Sinne, dass er nicht so leicht vergisst. Er „verkörpert", wenn man so sagen kann, für unser geistig-spirituelles Leben den gesunden Menschenverstand, indem er uns mit der Realität konfrontiert, unabhängig von dem, was wir uns in Gedanken zurechtlegen mögen. Auf seine Weise kann er uns weitaus mehr lehren, als wir es ihm gewöhnlich zugestehen. Etty hat versucht, seine Signale zu verstehen.

Zwar blieb ihre Gesundheit wenig stabil, was sie nicht verschweigt, doch hat sie mit der Zeit gelernt, sich nicht zu lange dabei aufzuhalten und die Unpässlichkeiten nicht zu verabsolutieren. Sie weiß, dass es „Tage ohne … [Probleme]" und „Tage mit …" gibt – und kein Allheilmittel für letztere. Geistige Tröstungen helfen wenig, wenn man wie gerädert, wenn man krank oder geschwächt ist. Es bleibt einem oft nur, dies in Geduld zu ertragen – und ein Quäntchen Zuversicht aus der Tatsache abzuleiten, dass man ähnliche Situationen schon öfter überstanden hat. Das ist oft das Beste, was man tun kann …

„Ich habe mir fest vorgenommen, nicht mehr über meine Gesundheit zu schreiben“, es wäre Papierverschwendung, schrieb Etty im Juli 1942 (vgl. DHB 191, ST 605). Wir können ihr dankbar sein, dass sie diesem Vorsatz nicht treu geblieben ist; denn so haben wir einen lebendigen Einblick, wie sie sich der großen, ständigen Aufgabe gestellt hat, „sich mit sich selbst zu vertragen“. Mehr noch: Sie hat uns vorgelebt, wie unser Körper, so sehr er uns auch zu schaffen macht, ein Weg zu Gott und ein Weg Gottes zu uns sein kann.

Im Oktober 1942 muss sie das Bett hüten und liegt geschwächt zu Hause in der Gabriel-Metsu-Straße Nummer 6; es fällt ihr schwer, nicht in das angsterfüllte „Gewimmel“ von Westerbork zurückkehren zu können. Sie möchte den Himmel bestürmen, ihr endlich eine spürbare Verbesserung ihrer Lage zu gewähren: Das wäre für sie „grünes Licht“ von oben, wieder aufzubrechen. Doch Etty weiß, dass man mit Gott nicht wie mit einem Teppichverkäufer verhandeln kann. Wenn sie so tut, als wollte sie mit ihm Geschäfte machen, so ist das ein Versuch, die eigene Ungeduld zu zügeln und damit klarzukommen, dass sich alles so lange hinzieht. Die Realität passt sich halt nicht ihren Wünschen an, und was noch schwerer wiegt: Etty ist offenkundig einem sich zuschnürenden Schicksal ausgeliefert, das alle Pläne zunichte macht.

Dieses Ohnmachtsgefühl wird für Etty zum Impuls, eine ganz bestimmte innere Haltung einzunehmen. Sie steht vor der Alternative, das Schicksal herauszufordern, indem sie trotz ihrer Schwäche gleich nach Westerbork fährt, oder ihre Lage anzunehmen und das zu tun, was im Augenblick dran ist. Doch wenn sie notgedrungen in Amsterdam bliebe, könnte man da überhaupt von einer freien Entscheidung sprechen? Jedenfalls ist es mehr als eine Kapitulation, wenn man bewusst annimmt, was offenkundig nicht zu ändern ist. Wir sprachen bereits davon: Oft ist das bewusste Ja der einzige Weg, die Notwendigkeit in einen Akt der Freiheit zu verwandeln. Genau diesen Schritt vollzieht Etty; sie ist zum Bleiben genötigt und findet in der bewussten Akzeptanz Frieden.

Ich würde so gern ... Eigentlich möchte ich ... Ach könnte ich doch ...! Wie viele Wünsche verlaufen im Sande, wie vieles lässt sich nur schwer oder gar nicht realisieren ... Doch durch eine bewusst gewählte „Ergebung“ können sich auch unsere

Wünsche wandeln. Gewiss, es bleibt dabei: Wir werden durch die Lebenswirklichkeit „geschliffen", unser Wünschen und Sehnen wird beschnitten, und auch unser Körper zeigt uns, wie begrenzt wir sind. Etty ist es gelungen zu akzeptieren, dass so manches anders lief, als sie es gewollt hätte. Sie ist sanfter geworden: „Ich weiß, dass alles langsam wachsen muss …", notiert sie. Sie spielt mit, lässt sich ein auf diesen „langwierigen Prozess". Es ist ein innerer Reifungsprozess, hin zu einem unbedingten Ja, dessen Tragweite sie nicht erfassen kann: „Nicht mein, sondern dein Wille geschehe."

* * *

Zur Reflexion

Was will mein Körper mir heute sagen? Gibt es vielleicht Signale, die ich bisher überhört habe?

Gibt es Dinge, zu denen ich in einer bewussten, freien Zustimmung vor Gott mein Ja geben kann?

XIII – Eine Wohnung für dich suchen

„Wie groß ist doch die innere Not deiner Geschöpfe auf dieser Erde, mein Gott. Ich danke dir, dass du so viele Menschen mit ihren inneren Nöten zu mir kommen lässt. Sie sitzen ruhig und arglos da und reden mit mir, und plötzlich bricht ihre blanke Not aus ihnen heraus. Und auf einmal sitzt da ein verzweifeltes Häufchen Mensch und weiß nicht, wie es weiterleben soll.
Und da fangen die Schwierigkeiten für mich erst an. Es genügt nicht, dich nur zu verkündigen, mein Gott, dich zu anderen hinauszutragen, um dich in ihren Herzen zutage zu fördern. Man muss den Weg zu dir in den anderen freilegen, mein Gott, und dazu muss man die menschliche Seele gut kennen. [...]
Ich danke dir, dass du mir die Gabe verliehen hast, in anderen Menschen zu lesen [...].

Manchmal kommen mir die Menschen vor wie Häuser mit geöffneten Türen. Ich trete ein, sehe mich in den Gängen und Zimmern um; jedes Haus ist ein wenig anders eingerichtet, und doch gleichen sie sich alle. Aus jedem Haus sollte man eine Wohnung für dich machen, mein Gott. Und ich verspreche dir, ich verspreche dir, dass ich in so vielen Häusern wie möglich eine Wohnung und eine Bleibe für dich suchen werde, mein Gott. Das ist eigentlich ein lustiges Bild: Ich mache mich auf den Weg, um eine Bleibe für dich zu suchen! Es gibt so viele leer stehende Häuser, in denen ich dich als Ehrengast unterbringe. Verzeih mir dieses nicht sonderlich geistreiche Bild."

(Vgl. DHB 247f, ST 658f)

Wie groß ist doch die innere Not deiner Geschöpfe!", entfährt es Etty. Sie blickt in lauter verstörte, bleiche Gesichter ... Wie leer stehende Häuser kommen ihr die Menschen vor. Hinter der Fassade: gähnende Leere. Bitter nötig wäre eine „Präsenz", jemand, der da ist, der das Haus bewohnt, belebt, beseelt ...

Jede dieser „Wohnungen" zu einem heiligen Ort zu machen, wo Gott als Ehrengast willkommen ist, das ist Ettys geheimer Wunsch. Ein ergreifendes Bild. Wie ist sie darauf gekommen? Wie hat sie versucht, diesen Wunsch umzusetzen?

Im Lager Westerbork wurde die baldige Abfahrt eines weiteren Deportationszugs angekündigt. Um elf Uhr sollte sich der Zug in Bewegung setzen; man begann mit der „Verladung“ von Menschen und Tornistern auf dem „Boulevard des Misères“, der Hauptstraße im Lager, die zu den Gleisen führte. Etty eilte hierhin und dorthin, um in dem gespenstischen Licht des Lagers den schreienden, weinenden Menschen ein letztes Zeichen der Verbundenheit oder ein gutes Wort mit auf den Weg zu geben. Ihr Blick fällt auf einen Kollegen mit aschfahlem, geflecktem Gesicht, der bei seiner sterbenden Mutter kniet, die Gift genommen hat. Sie versucht zur Stelle zu sein, wo die Verzweiflung zu groß ist, als dass ein Mensch sie alleine tragen könnte …

Nicht nur die Opfer ziehen ihren Blick auf sich. Da sind auch die Henker, die Peiniger, diejenigen, die Befehle erteilen, und jene, die sie ausführen. Hinter einem Barackenfenster beobachtet sie, eines nach dem anderen, die Gesichter der bewaffneten Wachsoldaten in grüner Uniform: „Mein Gott, diese Gesichter! […] Niemals hat mich etwas so entsetzt wie diese Gesichter!" Zuinnerst getroffen von den kalten, unmenschlichen Blicken derer, die entweder nicht wissen, was sie tun, oder es sehr wohl wissen, sucht sie Zuflucht bei jenem Leitwort, das für sie zu einer Quelle und zum festen Halt geworden ist: „Und Gott schuf den Menschen nach seinem Bild." Und sie gesteht: „Ja, dieses Wort hat es schwer gehabt in mir an diesem Vormittag" (vgl. ST 823f, Brief vom 24. August 1943).

Inmitten dieser Hölle, in der sie abgrundtiefe Verzweiflung und unfassbares Elend miterlebt, ist es der Gedanke an das „entstellte Bild", der sie weitergehen lässt. *Sein* Bild, so verunstaltet ..., dieser Gedanke berührt sie im Innersten. Und sie begreift ihre „Mission", ihre Berufung, Gott in den Menschen zutage zu fördern, ihm eine Wohnung zu besorgen in all diesen kaputten, heruntergekommenen Herzen ...

Etty hat bemerkt, dass sie eine besondere Gabe besitzt, x-beliebige Menschen innerlich zu begleiten. Sie könne in den Herzen der Bedrängten, die sie unterwegs trifft, „lesen", stellt sie fest. Der Ort, wo tiefe, wesentliche Begegnungen möglich werden, ist ihre eigene innere Tiefe. In dieser Tiefe, in der sie zu sich selbst gefunden hat und findet, werden ihr auch die anderen vertraut. Die „Gabe", die sie bei sich wahrnimmt, ist somit eng mit ihrer inzwischen mehrmonatigen inneren Arbeit verbunden.

Etty merkt, dass sie diese Gabe entwickeln muss. Um den vielen leidenden Menschen in ihrer Umgebung so zu begegnen, wie sie es wirklich brauchen, ist nicht zuletzt ein feines Hinhören vonnöten. Sie weiß:

> „Man kennt das Leben eines anderen Menschen nicht, wenn man nur die äußeren Umstände kennt. [...] Um das Leben eines anderen zu kennen, muss man seine Träume kennen, seine Stimmungen, das Verhältnis zwischen ihm und seiner Frau und seinem Tod und seinen Enttäuschungen und seinen Krankheiten" (vgl. DHB 126, ST 331f).

Zu gern wüsste sie, was der andere fühlt, was ihn bewegt, wie er zu dem geworden ist, als der er sich präsentiert. Als sie jemanden von der Gestapo wie besessen herumbrüllen und -toben sieht, verspürt sie das brennende Verlangen, ihn zu fragen: „Hast du eine so schlimme Kindheit gehabt oder ist deine Verlobte mit einem anderen durchgebrannt?" Am liebsten hätte sie für ihn gleich eine psychotherapeutische Behandlung in die Wege geleitet. In einer anderen Situation denkt sie bei sich:

> „Ich möchte den Mann in seinen Ängsten erreichen, die Quelle seiner Angst in ihm aufspüren, ich möchte eine Art Treibjagd auf ihn machen und ihn in sein eigenes Inneres treiben" (vgl. DHB 259, ST 670).

Die inneren Nöte der anderen erfassen, das ist eine erste Dimension des eingangs zitierten Textes; doch es gibt noch eine weitere, die sich in Begriffen verbirgt wie: Häuser mit geöffneten stehenden Türen, Gänge und Zimmer, eine Wohnung, eine Bleibe, eine Unterkunft …

Fünf Mal in wenigen Zeilen findet sich die Formulierung: „Mein Gott …". Hier spricht nicht nur ein besonders einfühlsamer Mensch: Die Art und Weise, wie Etty an die Not und das Leid ihrer Mitmenschen herangeht, hat noch tiefere Wurzeln.

Schon früh ist in ihren Notizen von der Entdeckung eines Schatzes die Rede, den sie immer bei sich haben möchte – in einer von Not und Leid geprägten Zeit, in der andere bemüht sind, materielle Werte in Sicherheit zu bringen: „Überallhin Gott mitnehmen, unversehrt und gut geschützt", das ist ihr großer Wunsch. Für ihn inmitten dieser Not ein gastliches Haus zu sein, darauf kommt es ihr an – nicht auf ein idyllisches, trautes Beisammensein mit Gott, etwa in der geschützten Atmosphäre geistlicher Exerzitien ... Und es drängt sie, für Gott auch in den anderen Menschen eine Bleibe zu suchen, gerade da, wo der dichte Nebel der Not oder der Unmenschlichkeit seine Präsenz verbirgt.

Etty möchte sich lösen von den vorschnellen Bildern, die wir uns spontan von anderen Menschen machen und die nicht selten zu handfesten Vorurteilen führen. Sie nimmt sich vor, tiefer und weiter zu sehen, um zu erkennen, was an Schönem in jedem steckt bzw. aus jedem werden könnte. Sie möchte für jeden Menschen so offen sein, dass sich in ihm ein Weg der Öffnung für Gott auftun könnte, so wie es ihr selbst widerfahren ist: In ihr ist eine sprudelnde Quelle, eine leise Kraft, die sie nach innen und über sich selbst hinaus zieht und so die immer neuen Prüfungen bestehen lässt – warum sollte es nicht auch in den anderen so sein?

Der Versuch, in Menschen, die mit Gott nichts anzufangen wissen, einen Weg für ihn zu bahnen, ist oft nicht gerade Erfolg versprechend. Man muss sich auf Enttäuschungen, ja auch auf die Versuchung aufzugeben gefasst machen. Auch Etty hat das erlebt, aber sie hat nicht aufgehört, diejenigen, denen sie begegnete, zu begleiten, stets auf der Suche nach einem „Gästezimmer“ für ihren Gott.

Eine weitere Erkenntnis, die noch einmal tiefer führt, deutet sich ganz vorsichtig auf jener Karte an, die sie durch einen Schlitz aus dem Waggon des Deportationszuges geworfen hat. Es ist ein schnell hingekritzelter Satz aus der an zufälliger Stelle aufgeschlagenen Bibel:

„Der Herr ist meine Kammer."

Der Herr zeigt sich ihr, wie er sich König David gezeigt hat, als dieser ihm in Jerusalem ein Haus bauen wollte (2 Samuel 7,5–11). Ähnlich wie der Herr dem David antwortete, gibt er jetzt Etty zu verstehen: *Du versuchst, mir ein Haus in den Herzen der Menschen zu bauen. Lass mich dir sagen: Ich bin es, der damit beschäftigt ist, für dich ein Haus zu errichten … Ich bin deine Wohnung, deine Zuflucht, dein rettender Hafen, dein Ankerplatz, mehr noch: jener Ort innigsten Austauschs und vertrauter Gemeinschaft, nach dem du dich so sehr gesehnt hast!*

Sie, die sich derart bemüht hat, Gott zu beherbergen und eine Wohnung für ihn zu suchen, entdeckt schließlich, dass ihre Herberge, ihre Wohnung in ihm liegt.

* * *

Zur Reflexion

Etty schrieb, sie wolle „in so vielen Häusern wie möglich eine Wohnung und eine Bleibe für dich suchen [...], mein Gott". Was fast wie eine Resolution klingt, ist für sie ein Gebet. Es ist mehr als eine bloße Willensbekundung, wenn sie vorausschickt: „Ich verspreche dir ..." Das ist keine Versprechung einer Handelsvertreterin, sondern die Zusage einer Frau, die zu ihrem innersten Geheimnis „erwacht" ist: Gott in ihr sucht Gott im anderen.

Wie begegnen wir, wie begegne ich anderen Menschen?

Tagsüber begegnen mir viele Gesichter. Es ist ein weiter Weg von einem bloßen „Kontakt" zu einer wirklichen Begegnung, einer Begegnung, die den Namen verdient.

Was kann ich dazutun, dass mein Herz bereit ist, anderen Menschen wirklich zu begegnen?

Auf Ettys letzter, an Christine van Nooten adressierter Karte, die sie am 7. September 1943 aus dem Waggon des Deportationszugs nach Auschwitz warf (vgl. ST XXXf, 840f), stand auf der Vorderseite:

Christien, ich schlage die Bibel aufs Geratewohl auf und finde dies: „Der Herr ist meine Kammer." Ich sitze auf meinem Rucksack mitten in einem vollen Güterwaggon. Vater, Mutter und Mischa sind einige Waggons weiter. Die Abfahrt kam doch noch ohne Vorwarnung. Plötzlicher Befehl aus Den Haag, speziell für uns. Wir haben singend dieses Lager verlassen, Vater und Mutter sehr gefasst und ruhig, Mischa auch.

Und auf der anderen Seite, neben dem Adressfeld der „Briefkaart“:

Wir werden drei Tage unterwegs sein. Danke, dass Ihr Euch so lieb um uns gekümmert habt. Die im Lager zurückgebliebenen Freunde schreiben noch nach A[mster]dam; vielleicht kannst Du etwas erfahren? Auch von meinem letzten langen Brief?

Auf Wiedersehen v[on] uns vieren!
Etty

XIV – Von der Liebe zum Schreiben zum „Schreiben der Liebe“

„Heute Nachmittag habe ich [...] japanische Drucke angeschaut. Und auf einmal wusste ich wieder: So will ich schreiben. Mit so viel Raum um ein paar Wörter herum. Ich hasse viele Worte. Ich will nur Wörter schreiben, die organisch in ein großes Schweigen eingefügt sind, und nicht Wörter, die nur dazu da sind, das Schweigen zu übertönen und zu zerstören. Die Wörter müssen eigentlich das Schweigen hervorheben, so wie auf dem einen japanischen Druck mit dem Blütenzweig in der unteren Ecke. Ein paar zarte Pinselstriche - aber was für eine Wiedergabe des kleinsten Details - und ringsherum der große Raum, der aber keine Leere ist, sondern ein, sagen wir, beseelter Raum. Ich hasse die Anhäufung von Wörtern. Man kann die paar großen Dinge, um die es im Leben geht, mit so wenigen

> Wörtern sagen. Wenn ich jemals schreiben werde – was eigentlich? –, möchte ich einzelne Wörter auf einen wortlosen Hintergrund pinseln.“
>
> (Vgl. DHB 144f, ST 500f)

Am 26. Mai 1942 notierte Etty:

> „Als ich spätabends durch die laue Nacht nach Hause ging, so leicht und so schwer zugleich vom italienischen Chianti, war auf einmal diese Gewissheit wieder da, die jetzt, mit einem Federhalter in den Fingern, wieder völlig verschwunden ist: Ich werde später einmal schreiben.“
>
> (Vgl. DHB 139, ST 478f)

Geschrieben hat Etty viel und regelmäßig seit jenem 8. März 1941, an dem sie die ersten Wörter in ihrem Tagebuch notierte. Mit der Zeit erkannte sie, wie gut ihr das tat: Diese „Methode“, Gedanken und Reflexionen in die vorgezeichneten blauen Linien eines Heftes hineinzuschreiben, half ihr, mit sich und ihrem Gott ins Gespräch zu kommen. Literarische Ambitionen hatte sie nicht; ihr ging es darum, in ihrem gestaltlosen Chaos ein klareres Bild von sich zu gewinnen und die Konturen ihrer selbst deutlicher herauszuarbeiten.

Während sie so mehr und mehr zu sich selbst findet, verspürt sie zugleich eine Art „Verpflichtung" ihrem „schöpferischen Talent" gegenüber. Schreiben in der Treue zu dem Besten, was sie in sich trägt, das wird für sie geradezu zu einer Mission. Tastend sucht sie einen Weg, diesem inneren Bedürfnis nachzukommen. Sie schreibt:

> „O Gott, nimm mich in deine große Hand und mach mich zu deinem Werkzeug, lass mich schreiben. [...] Ich weiß nicht, wie es mit dem ‚Schreiben' bei mir weitergehen soll. Dazu ist alles noch zu chaotisch, an Selbstvertrauen fehlt es mir auch, oder besser gesagt, an der zwingenden Notwendigkeit, etwas mitteilen zu müssen" (vgl. DHB 48f, ST 102).

Etty spürt, dass sie es nicht bei irgendwelchen täglichen Notizen belassen darf, wenn sie ihrer Begabung gerecht werden möchte, aber sie weiß nicht, wie sie es angehen soll.[8] Sie stellt fest:

8 Auch später fragt sie sich: „[...] wo beginnen"? Man dürfe „nicht den Fehler begehen, alles, was man so intensiv erlebt hat, unmittelbar aufs Papier zu schludern". Aber sie möchte ihrem Talent treu sein, sie will, sie „muss" schreiben. In diesem Zusammenhang findet sich das nun folgende Zitat (vgl. DHB 273, ST 680, Anm. des Übers.).

> „Ich teile mich auf und verteile mich auf die vielen Betroffenheiten und Eindrücke und Menschen und Regungen, die auf mich niederprasseln. [...] Es genügt nicht mehr, alles bloß zu erleben. Es muss noch etwas mehr hinzukommen“ (vgl. DHB 273, ST 680).

Wer ihre Texte liest, findet hinter den Worten ein tieferes Bedürfnis: *Eigentlich* will sie noch anderes schreiben, etwas, das sie niemals in Worte fassen wird ...

Gelegentlich hatte sie ins Auge gefasst, irgendwann vielleicht einmal Novellen, Romane, Chroniken oder Märchen zu schreiben, aber sie hat sich in keiner dieser literarischen Gattungen jemals versucht. Es ist merkwürdig: Was Etty nicht für eine spätere Veröffentlichung geschrieben hat, ihr Tagebuch, das wurde bekannt, während das, was sie hätte schreiben wollen, nie zustande gekommen ist. Die französische Romanautorin Sylvie Germain sagte darüber einmal treffend, die geplanten Geschichten seien „in der Tinte hängengeblieben“, sie seien „hinabgeglitten in den Stoff der Tage, tief in ihr Fleisch hinein“, und „in diesem inspirierten Raum, den sie in sich selbst geschaffen hatte, hat sich das Werk vollendet“.

Worin liegt diese Realisierung ganz eigener Art? Hier müssen wir etwas weiter ausholen und bedenken, dass sich ein Mysterium weniger durch Erklärungen erschließt als vielmehr in der kontemplativen Schau. Wörter können dabei bestenfalls helfen.

Etty ist das Schreiben jedenfalls ein inneres Bedürfnis geworden. Sie braucht es regelmäßig, um sich ihrer selbst klar zu werden. Die Vorstellung, eines Tages weder Papier noch Stifte zu haben, macht ihr zu schaffen. Doch angesichts der immer dramatischeren Entwicklung ahnt sie, dass alle Pläne zu schreiben im Keim erstickt werden würden. Keine zwei Monate vor ihrer Deportation notiert sie: „Vielleicht werde ich nie eine große Künstlerin [d. h. Schriftstellerin] werden, wie ich es eigentlich vorhabe“ (vgl. DHB 309, ST 817f).

Diese Feststellung war nicht allein durch den tragischen Fortgang der Ereignisse bedingt, der natürlich auch hineinspielte: Für sie selbst hat eine neue Etappe begonnen; es ist, als habe sie in einem inneren Reifungsprozess etwas erfasst, was alles andere bei Weitem übersteigt. Selbst ihre liebsten Pläne wie der Wunsch zu schreiben verblassen, werden absorbiert von einer Entdeckung, die sprachlich nicht mehr zu fassen ist. Ihre schöpferische Kraft fließt nun ein in den Austausch mit dem „inneren Gast“, in ein zärtliches Gespräch von Herz zu Herz. Immer wieder kommt ihr dieses eine Wort in den Sinn, das uns zeigt, wie alles in ihr zur Einheit und in einem einzigen Aufschwung zu größter Einfachheit findet: „Gott".

> „Ich möchte zwar manchmal kleine Weisheiten und vibrierende Geschichten in Worte fassen, komme aber immer wieder gleich auf ein und dasselbe Wort zurück: Gott; darin ist alles enthalten, und dann brauche ich all das andere nicht mehr zu sagen. Und meine ganze schöpferische Kraft setzt sich um in die inneren Zwiegespräche mit dir" (vgl. DHB 309, ST 817f).

Das ist paradox und zugleich von einer eigentümlichen Schönheit. Das Schreiben hat Etty immer viel bedeutet; es war für sie ein Weg, sich dynamisch nach vorne auszurichten und schöpferisch tätig zu sein. Und diesen Wunsch hat sie nie geopfert: Solange wir ihren Weg mitverfolgen können, hat sie geschrieben. Aus Westerbork schickte sie ihr nahestehenden Menschen ergreifende Briefe, die uns Einblick in eine alle Vorstellungskraft übersteigende Realität vermitteln. Und noch die letzte, aus dem Deportationszug geworfene Karte bezeugt ihren Wunsch zu kommunizieren – bis zuletzt.

Immer deutlicher wird dabei die Tiefendimension dieses Verlangens. Sie „muss“ schreiben – und sie kommt immer wieder „auf ein und dasselbe Wort zurück: Gott; darin ist alles enthalten, und dann brauche ich all das andere nicht mehr zu sagen“. Am Ende hat sie mit der „Tinte ihres Lebens“ geschrieben, in Rot und Weiß, im Schweigen des Todes in Auschwitz. Sie ist nunmehr eingetreten in eine Dimension, die sich nicht mehr greifen lässt, zu der nur noch die Liebe Zugang hat.

Als Etty wie erwähnt eines Tages japanische Bilder betrachtete, war sie unmittelbar berührt von der Reduktion auf das Nötigste: „So will ich schreiben. Mit so viel Raum um ein paar Wörter.“ Was sie geschrieben hatte, war vier Jahrzehnte lang verborgen wie ein kostbares Juwel. Der Zufall wollte es, dass ihre Aufzeichnungen ans Licht kamen und zu uns, für die sie gar nicht bestimmt waren, gelangt sind.

„Wenn ich jemals schreiben werde [...], möchte ich einzelne Wörter auf einen wortlosen Hintergrund pinseln.“ Anders, als Etty es sich je hätte vorstellen können, ging ihr Wunsch in Erfüllung: Ihre Worte leuchten – aus einem großen Schweigen heraus.

* * *

Zur Reflexion

Habe ich einen tiefen persönlichen Wunsch, der sich nicht erfüllt oder der sich zumindest auf den ersten Blick nicht so zu erfüllen scheint, wie ich es immer erhofft habe?

Vermag ich Gott um ein solches Vertrauen und eine solche innere Freiheit zu bitten, dass ich mit der gleichen Entschiedenheit beides sagen kann: „Ich möchte …!“ *und*: „Vielleicht realisiert es sich nie …“?

XV – Ununterbrochene Zwiesprache

„Gott, nimm mich an deine Hand, ich werde brav mitgehen, ohne mich groß zu sträuben. Ich werde mich nicht entziehen, was immer in diesem Leben auf mich einstürmen mag, ich werde es nach besten Kräften verarbeiten. Aber schenke mir ab und zu einen kurzen Augenblick der Ruhe. Ich werde in meiner Naivität auch nicht meinen, dass diese Ruhe, falls ich sie habe, ewig sein wird; ich akzeptiere auch die Unruhe und den Kampf, die danach wieder kommen. Ich bin gern im Warmen und in Sicherheit, aber ich werde nicht rebellieren, wenn ich in die Kälte muss, sofern ich nur an deiner Hand gehen kann. An deiner Hand werde ich überallhin mitgehen und versuchen, keine Angst zu haben. Ich werde versuchen, etwas von der Liebe, der echten Menschenliebe, die in mir ist, auszustrahlen, wo ich auch sein werde. […] Ich will nichts Besonderes sein, ich will nur versuchen, die zu werden, die in mir noch nach voller Entfaltung sucht."

(Vgl. DHB 93, ST 208)

„Du hast mich so reich gemacht, mein Gott, lass mich auch mit vollen Händen davon austeilen. Mein Leben ist zu einem einzigen ununterbrochenen Zwiegespräch mit dir, mein Gott, geworden, zu einem einzigen großen Zwiegespräch."

(Vgl. DHB 309, ST 817, Brief vom 18. August 1943)

Gott, nimm mich an deine Hand, ich werde brav mitgehen, ohne mich groß zu sträuben. […] was immer in diesem Leben auf mich einstürmen mag, ich werde es nach besten Kräften verarbeiten." - Nur Worte, die aus der Tiefe unseres Wesens kommen, haben diese antizipatorische Kraft.

„Ich werde brav mitgehen […]. An deiner Hand werde ich überallhin mitgehen": ein Versprechen, ein Pakt, besiegelt im Innersten ihres Herzens, wo Gott auf geheimnisvolle Weise Einzug gehalten hat. „Leg mich wie ein Siegel auf dein Herz, wie ein

Siegel an deinen Arm", spricht die Geliebte im Hohenlied (Hld 8,6). Selbst die Unterwelt ist machtlos gegen eine solche Liebe: Was immer sie unternähme, sie fände die beiden Liebenden nur umso enger umschlungen.

Lager Westerbork, 7. September 1943. Etty ist wieder auf dem „Boulevard", der Hauptstraße, die zu den Gleisen führt, wo die Deportationszüge abfahren. Zwei Wochen zuvor hat sie die Straße in ihrem Tagebuch in ihrem unnachahmlichen Stil beschrieben. Da trifft sie die plötzliche Nachricht von ihrer unmittelbar bevorstehenden Deportation wie ein Schlag auf den Kopf: Sie ist völlig benommen. Und doch ist sie keine Stunde später wieder gefasst; unglaublich schnell gelingt es ihr, sich auf die neue Lage einzustellen. Sie spricht mit den Leuten, plaudert, lacht, hat ein gutes Wort für jeden, dem sie begegnet. Auch wenn bestimmt Wehmut beigemischt ist, verbreitet sie dennoch gute Laune: ganz die Etty, wie alle sie kennen.

Wir sind darüber detailliert informiert durch die Schilderung von Jopie Vleeschhouwer (vgl. DHB 315-319, ST 852-855), einem ihrer Freunde dieser Zeit. Ihm vertraut sie an, dass sie ihre letzten Hefte mitnehme. In den Viehwaggon, der sie an jenen Ort bringt, wo alle Worte ersterben, nimmt sie also ihre letzten Notizen mit: Was sie enthielten, wird auf immer ein Geheimnis bleiben. Doch vielleicht ist gerade dieses Schweigen, in das es gehüllt ist, eine Spur …

Das letzte äußere Zeichen, das wir von Etty haben, ist wie gesagt der Abschiedsgruß auf einer aus dem Zug geworfenen Karte.

Hilflos und benommen standen ihre zurückgebliebenen Freunde am Gleis. Jopie schrieb noch am selben Tag: „Weg ist sie. Da stehen wir wie beraubt, aber nicht mit leeren Händen." Denn „eine Freundschaft wie die ihre *geht* nun mal nicht verloren" (vgl. DHB 318, ST 854).

Auch ihre „Abreise" kann uns etwas sagen. „Wir werden drei Tage unterwegs sein", schrieb Etty auf ihrer letzten Karte. Stunden in der Enge des völlig überfüllten Waggons, Kälte, Fieber, Ängste, das Fehlen jeglicher Hygiene … – diese Höllenzüge Richtung Polen sprengen alles Vorstellungsvermögen.

Was wird Etty in den letzten elf Wochen ihres Lebens durchgemacht haben, zwischen dem 7. September und jenem 30. November 1943, dem Tag, an dem sie nach einer Mitteilung des Roten Kreuzes starb? Das bloße Wort „Auschwitz" lässt uns etwas davon erahnen, diese beiden Silben, deren Nennung die niederträchtigsten Schandtaten ins Gedächtnis ruft. Auschwitz-Birkenau war das größte Vernichtungslager der Nazis; bis zu 20.000 Männer, Frauen und Kinder wurden dort täglich ermordet. Alle Superlative versagen angesichts der vorsätzlichen, systematischen Ermordung zahlloser Menschen (allein in den Lagern von Auschwitz fanden über eine Million Menschen den Tod). Hunger, Kälte, Epidemien, „medizinische Experimente", Zwangsarbeit … – das Grauen ist nicht in Worte zu fassen. In den Gaskammern wurde menschliches Leben scharenweise ausgelöscht. Zahllose Einzelne, ein jeder mit seiner Lebensgeschichte, lauter unverwechselbare Gesichter, in den Fängen einer Vernichtungsmaschinerie, die die systematische Auslöschung vor allem des jüdischen Volkes betreibt: die „Endlösung", ein nie gekannter Völkermord – Wörter, die das Blut in den Adern gefrieren lassen.

Inmitten dieser Menge eine junge Frau, Esther Hillesum, 29 Jahre alt. Unbekannt und „königlich" wie ihre Schwester gleichen Namens im Ersten Testament. Man kann ihren Namen durch eine Nummer ersetzen, man kann sie ihrer Aufzeichnungen und Bücher berauben, man kann ihre Gesundheit durch eine aufreibende Arbeit ruinieren, ihr durch

Zynismus und Demütigungen ihr Lächeln nehmen, man kann ihre Lieben vernichten ... – eines kann ihr nichts und niemand nehmen: jenen Schatz, den sie in sich trägt und den sie allmählich mit diesem Wort zu nennen gelernt hat: *Gott*. Sie weiß, dass er bei ihr, ja in ihr ist – an jedem Ort der Erde, an den sie gebracht würde, so wie er in ungezählten Menschen um sie herum zugegen ist.

Wie mag Etty ihren Weg weitergegangen sein, als ihr nichts mehr blieb und ihr jede Stütze genommen war? Wir haben wie gesagt keine Zeugnisse darüber. Vielleicht weisen die Worte eines Dichters die Richtung, eines Mystikers, der seinerseits erfahren hat, wie quälend es ist, wenn einem die Freiheit genommen wird: Johannes vom Kreuz. Er schreibt [hier in einer Übertragung von Walter Repges]:

„Kein Halt – aber gehalten!
Kein Licht – aber das Leben
leb ich – ganz mich verzehrend.
Hinter mir lassend alles Geschaffne
find ich dort oben Leben, das schmeckt.
Halt gibt Gott nur allein.
Was soll ich sagen?
Wie es benennen,
was ich so schätze?
Kein Halt – aber gehalten!"

„Wer ist sie, die da heraufkommt aus der Wüste, auf ihren Geliebten gestützt?“, singt der Chor im Hohenlied (Hld 8,5). Ein Jahr vor ihrer Deportation, in einer Nacht im Oktober 1942, ging Etty schlagartig auf, dass ihr nichts mehr blieb, nur noch Gott und sie waren übrig, sie allein. Sie notiert es gleich zweimal:

> „Gott und ich sind als Einzige übrig geblieben. [...] Gott und ich sind jetzt ganz allein übrig geblieben“ (vgl. DHB 284f, ST 690).

Bald darauf wurde ihr tatsächlich alles genommen; ihr Glaube war dem Risiko des völligen Alleinseins ausgesetzt. In solch quälenden Stunden kann man sich nur wie ein Schilfrohr biegen, um nicht innerlich zu zerbrechen. Um nicht zu zerbrechen, obwohl man nichts spürt, nichts sieht, nichts mehr versteht.

> „Kein Halt – aber gehalten!
> Kein Licht – aber das Leben
> leb ich – ganz mich verzehrend.“

„Mein Leben ist zu einem einzigen ununterbrochenen Zwiegespräch mit dir, mein Gott, geworden, zu einem einzigen großen Zwiegespräch“, schrieb Etty. Sie hat uns kostbare Einblicke gegeben in diese lange, facettenreiche Zwiesprache, ein zum Gebet gewordenes Leben, ein Leben gewordenes Gebet. Es ist gut, dass die letzten Dinge, die sie einander gesagt haben, das Geheimnis von Etty und ihrem Gott bleiben.

„Ich habe meinen Körper
wie Brot gebrochen …“

Etty Hillesum (13. Oktober 1942,
auf der letzten Seite ihres Tagebuchs)

Abkürzungen und Quellen

Für diese aus dem Französischen übersetzte Publikation wurden für die Zitate von Etty Hillesum die folgenden beiden deutschen Ausgaben zurate gezogen:

DHB = Etty Hillesum, Das denkende Herz der Baracke. Die Tagebücher 1941–1943. Aus dem Niederländischen von Maria Csollány, Verlag Herder, Freiburg i. Br. 2022, 319 Seiten.

Es handelt sich um die Neuausgabe einer Übersetzung eines größeren Teils der Tagebücher und einiger Briefe, die 1983 als deutsche Erstausgabe im Verlag F. H. Kerle, Freiburg/Heidelberg erschienen, seinerzeit unter dem Titel „Das denkende Herz“ und mit einer Einleitung von J. G. Gaarlandt. Zugrunde liegt die Originalausgabe „Het verstoode leven“ (Uitgeverij Balans, Amsterdam).

ST = Etty Hillesum, Ich will die Chronistin dieser Zeit werden. Sämtliche Tagebücher und Briefe 1941–1943. Herausgegeben von Klaas A. D. Smelik. Deutsche Ausgabe herausgegeben von Pierre Bühler. Aus dem Niederländischen von Christina Siever und Simone Schroth. Mit einem Vorwort von Hetty Berg, Verlag C. H. Beck, München 2023, 989 + XXXII Seiten.

Bei dieser vollständigen Ausgabe der Tagebücher und Briefe mit Bildteil, kritischem Apparat und ausführlichem Personen- und Schlagwortregister handelt es sich um eine Neuübersetzung. Die niederländische Originalausgabe erschien auf Initiative und unter Federführung der Etty Hillesum Stiftung, Amsterdam, bei Uitgeverij Balans, Amsterdam (1986, [7]2021).

Annette Schleinzer
MADELEINE DELBRÊL – PROPHETIN FÜR EINE ERNEUERTE KIRCHE
Impulse für Realisten
248 Seiten, gebunden, ISBN 978-3-7346-1329-6

Für alle, die sich Gedanken machen, wie es mit dem Glauben und der Kirche weitergeht: eine Quelle der Inspiration und der Hoffnung in Zeiten des Umbruchs – weil strukturelle Veränderungen allein nicht genügen.

Wolfgang Beinert/Rosemarie Egger (Hg.)
SO VIEL LEID – UND GOTT? Ein Lesebuch zu existenziellen Glaubensfragen
Mit einem Essay von Wolfgang Beinert: »Ist Gott noch von der Welt zu retten?«
184 S., kart., ISBN 978-3-7346-1300-5

Das Leben stellt viele Fragen. Auch nach Gott. Antworten von Josef Epping, Gotthard Fuchs, Anselm Grün, Christian Heidrich, Ralph Kunz, Wunibald Müller u. a.

Klaus Hemmerle
LEBEN AUS DER EINHEIT
Reflexionen über die Grundlage christlicher Existenz
232 Seiten, gebunden, ISBN 978-3-7346-1165-0

Grundlinien eines Denk- und Lebensstils, der Maß nimmt an der christlichen Botschaft von einem dreifaltigen Gott, der Liebe ist.

Paolo Scquizzato
LOB DES UNVOLLKOMMENEN LEBENS
Eine christliche Alternative zum Perfektionismus
96 Seiten, geb., ISBN 978-3-7346-1303-6

Gott braucht und will keinen Perfektionismus: Gerade unsere Unvollkommenheiten sind das große »Einfallstor Gottes« in unser Leben. Ermutigend in einer Zeit, in der die »Selbstoptimierung« angesagt scheint.

Christian Salenson
DEN BRUNNEN TIEFER GRABEN
Entdeckungen bei Christian de Chergé
160 S., geb., ISBN 978-3-7346-1335-7

Wer in die Tiefe geht, findet »das Wasser Gottes«, so Christian de Chergé, der 1996 ermordete Prior der Mönche von Tibhirine/Algerien, weltbekannt durch den Kinoerfolg »Von Menschen und Göttern«. Faszinierend neue Zugänge zum Glauben.

Christian Hennecke
FREIER UND KATHOLISCHER DENN JE
Was mich bewegt
120 Seiten, kart., ISBN 978-3-7346-1331-9

Ein Insider über seine Fremdheitsgefühle und -erfahrungen in der Kirche, über seine Glaubensgeschichte und Mut machende Ansätze, die enge Vorstellungen überwinden. Das Hoffnungsbuch eines Realisten.

neuestadt.com